대입면접
10분 드라마,
합격을 부른다

대입 면접 10분 드라마, 합격을 부른다

(수시 전형의 2%를 채우는 행복한 멘토링 교과서)

[행복한 교과서®] 시리즈 No.20

지은이 l 권소라·심규승·권영준
발행인 l 홍종남

2015년 11월 28일 1판 1쇄 발행
2016년 7월 17일 1판 2쇄 발행
2023년 11월 11일 1판 3쇄 발행(총 3,000부 발행)

이 책을 만든 사람들
책임 기획 l 홍종남
북 디자인 l 김효정
교정 교열 l 주경숙
출판 마케팅 l 김경아

이 책을 함께 만든 사람들
종이 l 제이피씨 정동수·정충엽
제작 및 인쇄 l 천일문화사 유재상

펴낸곳 l 행복한미래
출판등록 l 2011년 4월 5일. 제 399-2011-000013호
주소 l 경기도 남양주시 도농로 34, 301동 301호(다산동, 플루리움)
전화 l 02-337-8958 팩스 l 031-556-8951
홈페이지 l www.bookeditor.co.kr
도서 문의(출판사 e-mail) l ahasaram@hanmail.net
내용 문의(네이버 cafe) l http://cafe.naver.com/ourdreamvill
※ 이 책을 읽다가 궁금한 점이 있을 때는 네이버 cafe를 이용해주세요.

ⓒ 권소라·심규승·권영준, 2015
ISBN 979-11-86463-07-9
〈행복한미래〉도서 번호 038

수시 전형의 2%를 채우는
행복한 멘토링 교과서

대입면접
10분 드라마,
합격을 부른다

| 권소라·심규승·권영준 지음 |

행복한미래

세상에 하나뿐인 10분의 드라마를 만들어라

지금부터 다음의 글을 읽고 상상해보도록 합시다.

"원하는 대학교에 가기 위해 3년 동안 하고 싶은 일들도 미뤄 두고 열심히 공부했다. 내신성적이 조금 부족해서 며칠 밤을 새워가며 자기소개서를 더 열심히 작성했고, 다행히도 서류전형에서 합격했다. 수능 후 가채점을 해보니 최저등급은 겨우 맞춘 것 같다. 지난주에 있었던 면접을 많이 준비하지 못한 상태로 치러서 느낌이 좋지는 않지만, 학원에서 가르쳐준 대로 완벽하게 대답했고, 다른 요소들은 합격 조건을 갖췄으니 난 조금 후면 내가 가고 싶었던 대학교의 대학생이 될 것이다!

그러나 최종 합격 여부를 알기 위해 홈페이지에 접속했을 때

내 눈에 보인 건 '불합격'이라는 글씨였다. 하늘이 무너져 내리는 줄 알았다. 움직일 수 없었다."

3년간 하고 싶은 일도 참고, 만족스럽지 않은 성적 때문에 스트레스를 받으며 내신 공부를 해왔습니다. 없는 시간을 쪼개어 자기소개서를 쓰고 수능까지 열심히 준비했지만 결국 면접 때문에 불합격을 받았습니다. 마음 아프지만 수많은 수험생들이 겪는 안타까운 현실입니다.

대학 입학의 최종 관문인 면접의 경쟁률은 대개 2:1 또는 3:1입니다. 이 숫자는 다른 수험생들과 내신성적, 수능 최저등급 등 다른 요소들이 다 똑같다고 하더라도 누군가는 50% 혹은 66%의 확률로 면접에서 불합격을 받을 수밖에 없다는 것을 의미합니다. 따라서 면접에서 남들과 다르게 답하지 않는다면 대학 합격은 없습니다.

학생부종합전형이 도입되면서 수시전형에서 면접은 지식과 논리력을 넘어 진정한 자신을 보여주는 장으로 변화되었습니다. 전공과 관련된 지식만을 보여주는 장이 아니라 지원자의 비전을 보여주며 이 대학이 나를 뽑아야 하는 이유를 설득하는 장이 된 것입니다. 이전에는 질문에 대한 정확한 답을 논리적으로 설명하는 것이 핵심적인 평가기준이었습니다. 하지만 이제 진정한 자신을 보여주어야 하는 자리에서 각본을 짠 듯한, 정답을 배우고 온 것 같은 이야기를 한다면 면접관들은 좋은 점수를 주지 않습니다.

이는 필자들이 다양한 기관의 면접관으로 지원자들의 면접을 진행하면서 느낀 점입니다. 입학사정관들이라고 다를까요? 언론을 통해 각 대학 입학사정관들이 했던 많은 인터뷰들을 보면 필자들과 같은 생각이라는 것을 확인할 수 있습니다. 수많은 합격생을 배출한 유명 학원에서 짜준 틀에 맞게 답을 외워 기계적으로 답하는 학생들이 오히려 불리할 수도 있는 이유입니다.

이 책은 면접 현장을 학원에서 만들어주는 '판에 박힌 드라마'가 아니라 '혼자'서 '세상에 하나뿐인 10분의 드라마'로 만들 수 있도록 도와주는 책입니다.

대학입시에서 면접은 가장 객관적이면서, 또 주관적입니다. 자신이 만나는 면접관들의 면접 당시의 마음 상태에 따라 결과가 어느 정도 달라질 수 있는 것이 사실입니다. 그럼에도 불구하고 변하지 않는 것은 기본적인 '평가기준'이 있다는 것입니다. 그 평가기준은 다른 사람들과 구별되는 답변으로 '진정한 자신을 드러냈느냐'는 것입니다. 면접관들은 이미 수천 명의 고등학생들을 만나서 면접을 본 사람들입니다. 누가 꾸며낸 이야기를 하고 있는지, 누군가에게 도움을 받아 단순히 외운 대답만을 되풀이 하고 있는지 잘 알고 있습니다. 면접관은 진솔하게 자신을 드러낼 수 있는 사람이 자신이 속한 대학에 입학하기를 바랍니다. 그렇기에 우리는 단순히 누구에게 단기간 안에 배운 내용을 암기하여 반복하는 실수를 하지 말아야 합니다.

'세상에 하나뿐인 10분의 드라마'를 만들어내기 위해서 우리는 '혼자' 준비해야 합니다. 누구에게나 같은 시간이 주어집니다. 그 시간 동안 진정한 '실력'을 키워야 원하는 대학에 갈 수 있습니다. 이 책에서는 가장 효과적으로 면접 '실력'을 키우는 방법을 알려줄 것입니다.

이 책을 펼쳐 든 당신은 면접이 얼마 남지 않은 수험생일 것입니다. 수험생의 설박함을 알기에 필자들의 모든 지식과 경험을 이 한 권의 책에 제대로 담기 위해 한 자 한 자 정성을 다했습니다. 지금부터 '세상에 하나뿐인 10분의 드라마'를 만드는, 수시 합격을 위한 마지막 단계를 넘는 여정이 시작됩니다.

드림 빌리지 그룹(Dream Village Group) 드림

차례

Part 3
학생부종합전형 지원자를 위한 6가지 키워드

Part 4
대학별 면접 방식 및 기출문제 톡! Talk?

Part 1

면접, 수시 합격을 위한
마지막 문턱

01
높아진 면접 비중에 주목하라

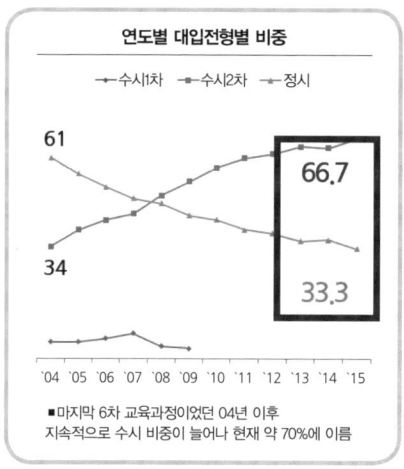

연도별 대입전형별 비중

← 수시1차 ← 수시2차 ← 정시

61

66.7

34

33.3

'04 '05 '06 '07 '08 '09 '10 '11 '12 '13 '14 '15

■ 마지막 6차 교육과정이었던 04년 이후
지속적으로 수시 비중이 늘어나 현재 약 70%에 이름

대학입시에서 수시 전형이 차지하는 비중은 매년 꾸준히 상승해왔습니다. 2004년 정시 선발 인원은 전체의 61%였고 수시 선발 인원은 34%였지만, 2008년을 기점으로 수시가 정시 선발 인원을 뛰어넘었습니다. 2016년 입시에서 수시 모집으로 뽑는 신입생의 숫자는 전체의 67.4%에 달합니다.

한 가지 주목할 점은 수시전형 내에서 면접의 비중 역시 증가하고 있다는 사실입니다. 경희대학교(네오르네상스전형)와 한국외국어대학교의 경우 서류 평가가 끝난 2차에서는 면접 비중이 약 30%에 달할 정도로 높습니다. 교육부가 2016년 대입부터 특히 면접에서의 인성평가를 보다 강화하라는 지침을 내렸다는 것에도 주목해야 합니다. 따라서 앞으로는 학생생활기록부와 자기소개서를 바탕으로 지원자의 인성을 살펴보는 면접이 강화될 것으로 전망됩니다.

이렇게 면접이 강화되는 추세에는 여러 가지 복합적인 배경이 있습니다. 그간 적용되었던 획일적인 평가기준은 선을 넘는 선행학습과 과도한 성적 경쟁을 불러오고 사교육 시장을 키웠으며, 이런 현상은 학생과 학부모 모두에게 부담이 되었습니다. 현재의 방식으로는 학생들의 다양한 자질과 능력을 평가하기 어렵고, 또 학생들이 제출하는 서류가 얼마나 진실한지 판단하기도 쉽지 않습니다. 이런 고민 끝에 학생의 학업역량과 인성, 전공 적합성, 창의성 등을 총체적으로 평가하기 위해 면접이 시행되는 것이라고 할 수 있습니다.

2016년 대학입시 일반전형 중 인문사회계의 경우 면접과 구술시험은 98개 대학에서 실시할 예정입니다. 이것은 2015년에 95개 대학에서 실시한 것보다 3개 학교가 추가된 것입니다. 자연계

역시 2015년에 78개의 대학에서 면접고사를 실시했었는데, 2016년에는 2개 학교가 추가된 80개 대학에서 실시할 예정입니다.

수험생들은 이렇게 중요한 면접 준비를 어떻게 하고 있을까요? 면접 일정이 대학수학능력시험일 2주 전후로 잡혀 있다 보니, 대부분 수능이 끝나자마자 부랴부랴 준비하기에 바쁩니다. 수능에서 최저등급을 요구하는 경우가 많아 수능 공부에 집중해야 하기 때문입니다. 설령 수능을 보기 전부터 긴 시간을 두고 준비한다고 해도 면접에서 요구하는 다양한 평가기준들을 충족시키기가 쉽지 않습니다. 혼자서 준비하기가 이렇게 어렵고 막막하다 보니 급히 고가의 면접학원의 문을 두드려볼까 고민하기도 합니다.

필자들은 수험생 여러분의 복잡한 고민을 잘 이해하고 있습니다. 바쁜 시기, 전략적이고 효율적으로 면접을 준비해야 하는 시점이라는 것도 잘 알고 있지요. 그래서 학원에 가지 않고도 효과적으로 면접에 잘 대비할 수 있는 방법들을 소개하고자 합니다. 이 책을 읽다 보면, 사실 면접에 대한 열쇠는 스스로가 쥐고 있다는 것을 알 수 있을 것입니다.

02

당신이 두려워하는 면접에 대한 진실 혹은 거짓

대부분의 수험생들은 대학입시 과정에서 일생 처음으로 면접이라는 형식의 시험을 마주하게 됩니다. 낯선 형식이라 누구나 처음에는 당황할 수밖에 없습니다. 막막하고 답답하겠지만 사실 면접에 자신 있는 사람은 그리 많지 않습니다. 그래서 고등학교 3학년 학생들을 대상으로 설문조사를 실시해보았습니다. 다른 수험생들은 면접에 대해서 어떤 생각을 가지고 있을까요?

면접에서 기본 중의 기본이라고 생각하는 것은?

① 밝은 표정   ③ 자신감 있는 대답

② 예의 바른 인사   ④ 기타(   )

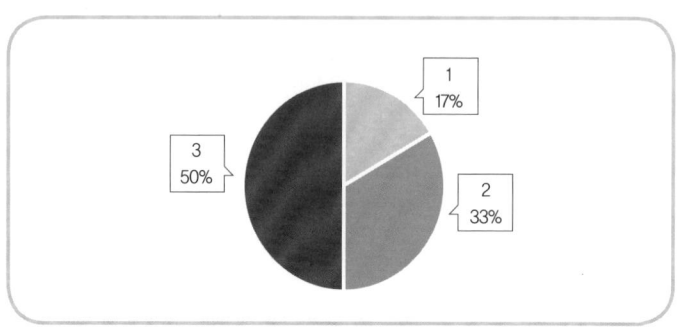

177명의 학생을 대상으로 설문조사를 한 결과, 118명의 학생들이 '자신감 있는 대답'이 면접에 있어 기본 중의 기본이라고 생각하는 것으로 나타났습니다. 다음으로 '밝은 표정'이 30표, '예의 바른 인사'가 28표였습니다. 이외에도 '질문에 성실히 대답하는 태도, 단정한 차림새, 말의 적절한 빠르기, 솔직함, 임기응변할 줄 아는 순발력' 등의 응답이 있었습니다. 직접 경험해보지는 않았지만 이 정도의 예상은 하고 있다는 것을 알 수 있습니다.

면접에서 가장 두려운 것은?(2개까지 선택)

① 말실수를 하는 것

② 비언어적 표현에서의 잘못

③ 예상치 못한 질문이 나와 적절한 답이 떠오르지 않는 것

④ 하고 싶은 말이 있는데 긴장해서 말이 제대로 안 나오는 것

⑤ 기타 의견(　　　　　　　　)

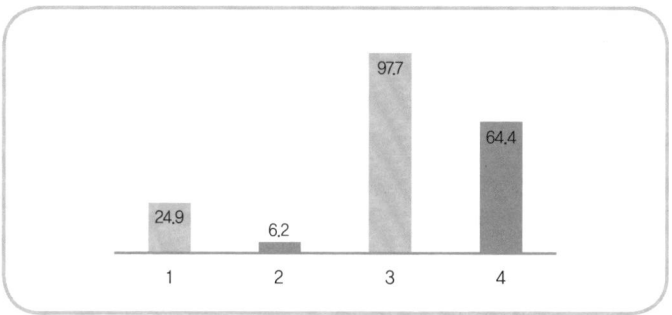

그런데 흥미로운 것은 기본 중의 기본이라고 생각하는 것을 많은 수험생들이 두려워하고 있다는 사실입니다. 바로 위의 설문 결과를 보면 177명 가운데 173명의 학생들이 '예상치 못한 질문에 대한 적절한 답이 떠오르지 않는 것'에 대한 걱정을 가지고 있었습니다. 압도적인 비율이라고 할 수 있지요. 또 '긴장 때문에 말이 제대로 안 나올 것'을 걱정하는 학생들도 113명이나 됩니다. 결국, 가장 중요한 것이 '자신감 있게 말하기'라고 생각하면서도 하고 싶은 말과 해야 할 말을 자신감 있게 전달하지 못할까봐 전전긍긍하고 있다는 것입니다.

이처럼 어느 누구도 합격하리라고 확신할 수 없는 것이 바로 면접입니다. 따라서 수험생 여러분은 다른 학생들보다 뭔가 부족

하거나 모자랄까봐 걱정하지 않아도 됩니다. 다른 학생들도 다 똑같은 걱정을 하고 있으니까요.

면접에 대해서 가장 궁금한 것은?(2개까지 선택)

① 모르는 질문이 나올 때 어떻게 임기응변해야 할까?

② 어떤 대답을 좋아할까?

③ 처음 면접장에 들어갈 때부터 나올 때까지의 과정은?

④ 입학사정관/면접관은 누구일까?

⑤ 복장은 어떠해야 할까?

⑥ 기타 의견(　　　　　　　)

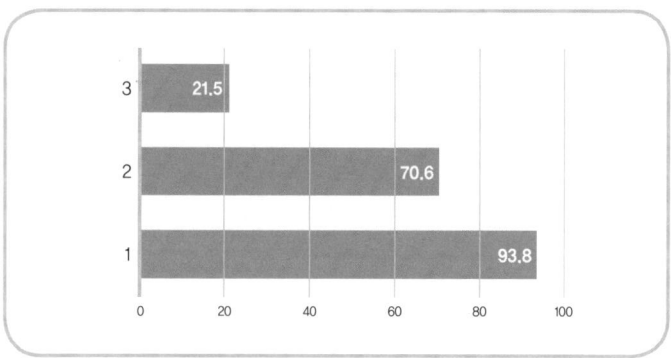

이 책을 읽고 있는 독자들도 대입 면접에 대해 궁금한 점이 많을 것입니다. 많은 학생들이 '모르는 질문이 나올 때 최대한 당황하지 않고 어떻게 임기응변해야 할지(93.8%), 면접관이 어떤 대답을 좋아할지(70.6%), 처음 면접장에 들어갈 때부터 나올 때까지의 전체 과정이 어떨지(21.5%)'에 대해 의문을 가지고 있었습니다. 면접에 대한 양질의 정보를 얻고 사전에 준비한다면 의문점들을 하나씩 해결해 나갈 수 있습니다. 여러분은 이 책을 읽으면서 자신감까지 함께 얻을 것입니다.

03
내가 지원하는 대학의 면접 유형을 파악하라

면접이라고 하면 어떤 모습이 떠오르나요? 대부분 면접관 2, 3명과 그 앞에 앉아 있는 자신의 모습이 떠오를 것입니다. 대개 그렇기는 하지만 대학 수시 면접은 대학에 따라 다양한 형태로 이루어집니다. 그래서 자신이 지원하는 대학과 학과의 면접 유형을 파악하고 있어야 이에 따른 면접 대비가 가능합니다. 지금부터 다양한 유형의 면접을 살펴봅시다.

면접의 성격에 따른 분류

:: 확인 면접
확인 면접은 학생부종합전형에서 면접관을 만났을 때 맨 처음 겪는 유형으로, '인성 면접'이라고도 부릅니다. 수시전형을 준비하면서 대학에 제출한 입학원서, 자기소개서, 학생생활기록부(학생부) 등 서류에 있는 내용의 사실 여부를 확인하는 과정입니다. 단순히 한 가지 질문으로 끝나지 않고 추가 질문을 계속하여 압박합니다. 특히 요즘은 자기소개서를 대필하거나 없는 이야기를 만들어내는 지원자들이 많기 때문에 면접관은 학생에게 날카로운 질문을 던집니다. 예를 들어 자기소개서 3번 문항에 양로원 봉사를 했다고 적혀 있다면, 면접관은 자기소개서에 기술하지 않은 내용을 물어 사실 여부를 확인할 것입니다.

준비 방법

Step 1. 가장 중요한 것은 자기소개서를 솔직하게 쓰는 것입니다. 학생부 기재 내용은 학교에서 선생님께서 직접 작성하신 것이기 때문에 사실이 아닌 것이 들어갈 수 없지만, 자기소개서를 지어내서 쓴 경우 몇 가지 질문만으로도 면접관은 쉽게 알아챕니다.

Step 2. 제출서류인 학생부, 자기소개서를 꼼꼼히 체크해야 합니다. 작은 활동 하나도 놓치지 않고 그때 자신이 주체적으로 했던 활동, 느낀 점, 교훈을 자세하게 정리합니다.

Step 3. 자기소개서에서 질문이 나올 수 있는 부분을 면밀히 검토하고 답변을 작성한 후 추가 질문이 나올 수 있는 부분을 체크하여 만전을 기합니다.

:: 심층 면접

심층 면접은 단순 사실 확인에서 한 발 더 나아간 유형으로, '전공 적합성 면접'이라고도 부릅니다. 다소 심층적으로 수험생의 역량을 평가하기 위해 지식적인 차원의 질문, 창의성에 대한 질문, 논리성에 대한 질문 등을 합니다. 예를 들어 지식적인 차원을 물어볼 때에는 지원하는 과에 관련된 전공에 대한 관심 및 깊이를 알아보는 질문을 합니다. 물리학과에 지원했다면 물리학적인 원리 등을 설명하거나 현상을 분석하는 내용을 준비해야 합니다.

합격의 핵심 key

정확한 답이 있는 질문을 하기도 하지만 지원자의 창의력, 학업능력, 사고력 등을 평가하기 위해 물어보는 경우가 많습니다. 따라서 평소에 관련 학과와 관련된 이슈, 문제 등에 직접 답을 하는 연습을 하는 것이 좋습니다.

면접의 형식에 따른 분류

:: 1:1 면접

면접관과 수험생이 1:1로 면접을 보는 형식입니다.

:: 1:다(多) 면접

다수의 면접관이 수험생 한 명에게 질문을 던지는 형식으로, 대부분의 대학이 이렇습니다. 다수의 면접관은 수험생에게 각자 질문사항을 차례로 물어봅니다. 이때 면접관들은 역할을 나누기도 하는데, 한 면접관은 날카로운 질문을 통해 압박을 주는 역할을, 다른 면접관은 무관심한 태도로 수험생을 당황시키는 역할 등을 맡아 수험생의 상황 대처 방식을 확인하기도 합니다.

:: 다수:1 또는 다수:다수 면접

3~5명의 학생과 면접관 1명(혹은 2, 3명)이 면접을 보는 형식입니다.

:: 토론식 면접

이 면접은 학생 4~8명이 한 조로 묶여 한 주제에 대해 토론하는 형식입니다. 대개 찬반을 정해주고 토론하게 하여 토론과

정의 태도, 논리성 등을 면접관이 평가합니다.

태도 : 자신의 의견을 논리적으로 개진하는지의 여부, 타인의 의견을 합리적인 방식으로 수용하는 등의 의사소통능력.

토론이라고 해서 상대방을 이기는 것만이 능사가 아닙니다. 자기가 이야기할 경우 상대방을 이기려고 하기보다는 자신의 의견을 논리적으로 전달하고, 상대방이 이야기할 경우 합리적인 내용은 수용하는 자세를 보여주어야 면접관은 소통할 수 있는 인재로 생각합니다. 이런 토론은 1, 2주 준비한다고 되는 것이 아니니 평소 다양한 독서를 하고, 사회 이슈에 대해 찬반입장을 생각하면서 생각을 정리하는 습관을 길러야 합니다.

:: 발표 면접

발표 면접은 면접 전에 20, 30분 정도 지원학과에 관한 문제를 풀고 면접관 앞에서 5~10분 동안 자신이 해결한 문제의 답과 해석을 발표하는 형식입니다. 이 경우 인문계열과 자연계열은 다른 문제를 받게 됩니다. 인문계열은 주로 지원학과에 관련된 사회 이슈에 대한 지문을 주고 주어진 질문에 답변하는 유형이고, 자연계열은 지원학과와 관련된 문제해결 능력을 물어봅니다. 예를 들어 화학과의 경우 화학 현상을 제시한 지문을 주고 이에 관련된 이론과 문제해결 방식을 발표하게 됩니다.

합격의 핵심 key

지원자가 알지 못하는 개념 및 지식으로 설명하려고 하면 절대 안 됩니다. 정확하게 이해하는 개념과 풀이법만으로 간결하게 대답합니다. 어설픈 지식을 자랑하려고 했다가는 면접관의 추가 질문 공세에 묻혀 버릴 것입니다. 문제를 완벽하게 풀지 못했다면 문제를 푸는 방향과 아이디어를 정리하여 발표합니다. 문제를 풀지 못할 경우 면접관들이 힌트를 주기도 하는데 이를 활용해 문제를 완결 짓는 것이 좋습니다.

위의 내용들은 수시 면접의 유형을 서술한 것입니다. 자신이 지원한 학과의 면접 유형은 인터넷에서 조금만 확인해보면 알 수 있고, 이 책의 Part 4에서도 따로 설명할 것입니다. 꼭 확인하고 면접 방식에 맞는 준비를 해야 합니다.

면접관의 눈살을 찌푸리게 하는
답변 유형 5가지

면접관의 대부분은 교수로 구성되어 있습니다. 교수들은 지속적으로 학문을 연구하고 그 연구 결과를 논문으로 발표하는 일을 하는 사람들입니다. 이 '논문'이라는 것은 당연히 논리적인 구성으로 연결되어 있습니다. 장과 장, 문단과 문단, 문장과 문장이 모두 논리에 맞게 쓰여야 글쓴이의 연구 결과가 설득력 있게 읽는 사람에게 전달되기 때문입니다. 따라서 교수들은 논리적인 사항에 대해 아주 예민할 수밖에 없습니다.

이에 반해 대부분의 고등학교 학생들은 논리적으로 짜임새 있는 글을 써보거나 5분 이상의 말을 해본 경험이 없는 경우가 대부분입니다. 훈련되어 있지 않은 탓에 3, 4분간 자신의 의견을 발표해야 하는 면접장에서 논리적이지 못한 설명을 하게 될 수도 있습니다. 여기서는 말이나 글을 쓸 때 자주 하게 되는 논리적 오류들과 예시를 정리했습니다. 고등학교 교육과정에서도 봤을 법한 내용들이지만, 면접을 준비할 때 다시 한 번 살피고 주의한다면 면접관들의 눈살을 찌푸리게 하는 답변은 피할 수 있을 것입니다.

부적절한 권위에 호소하는 오류

특정 분야와 관련된 이야기를 하기 위해 그 분야의 권위자가 연구를 바탕으로 얻은 결론과 이론을 사용하는 것은 매우 큰 신뢰를 줍니다. 바꿔 말하면 관련 없는 다른 분야의 권위자를 인용하여 논리를 펼치면 허점이 생긴다는 뜻입니다. 특히 발표 면접을 준비하는 과정에서 잘못된 학습으로 인하여 이런 일이 생기는 경우가 많기 때문에 각별한 주의가 필요합니다. 읽은 책의 주장과 저자를 혼동하는 경우도 없어야 합니다.

> **예** 이 노트북은 2015년도 최고의 스타 ○○○이 인정한 것입니다. (X)
>
> 이 노트북은 ○○전자 컴퓨터 최고 연구원이 인정한 것입니다. (O)

성급한 일반화의 오류

많은 학생들이 이미 알고 있을 내용입니다. 하나의 사례를 보고 마치 그것이 모든 것의 사례라고 생각하는 경우입니다. 지원 학과에 대한 편견을 가지고 있는 사람으로부터 잘못된 이야기를 들었을 경우에 생기기도 합니다. 즉 과에서 배우는 종합적인 내용들을 알지 못한 채 단편적인 사례들만으로 과의 특성이나 연구 분야를 한정시키는 것이지요. 아래의 내용은 실제 자기소개서에서 빌려 온 예시입니다.

> **예** 저는 토익 성적을 올리기 위하여 영어영문학과를 진학하여 수업을 듣고 싶습니다. (X)
>
> 저는 영어와 영미문학을 통해 영미문화권에 대한 이해도를 높이고 싶습니다. (O)

잘못된 비유(유비)의 오류

어떤 것을 예상하지 못했던 뜻밖의 대상에 적절하게 비유할 수 있다면 보는 이를 감탄시킬 수 있습니다. 하지만 몇몇 학생들은 좀 더 멋있어 보이고 싶어서 깊은 고민 없이 잘못된 비유를 하곤 합니다. 특히 '첫 마디를 매력적으로 하라'는 말을 따르기 위해 무리가 있는 비유를 끌어내기도 합니다. 비유를 사용하고 싶다면 그 비유가 적당한지 친구들이나 가족들에게 자문을 구하길 권합니다. 조금 생뚱맞더라도 그 설명이 타당하다면 면접관에게 어필할 수 있으니 설명을 다듬는 연습을 하는 것이 좋습니다.

> **예** 저는 공부계의 박지성입니다. 두 개의 심장이라 불리며 그라운드를 뛰어 다니는 박지성처럼 저도 책 위를 뛰어다니기 때문입니다. (X)
> 저는 공부계의 박지성입니다. 축구에 치명적인 단점인 평발을 정신력으로 극복한 박지성처럼, 공부할 때 중요한 시력이 매우 나쁨에도 불구하고 그것을 극복하기 위해 남들보다 2, 3배의 시간을 투자했기 때문입니다. (O)

논점 일탈의 오류

논점을 제대로 파악하지 못했거나 파악했더라도 갑자기 다른 내용으로 급격하게 전환하는 경우들이 여기에 포함됩니다. 말하기 연습이 되어 있지 않은 경우 자주 저지르는 실수입니다. 하나의 주제를 가지고 3~5분간 주장과 논거를 적절히 제시하여 자신이 원하는 내용을 제대로 전할 수 있는 연습이 필요합니다. 또 면접관이 하는 질문의 의도를 제대로 파악하도록 집중해야 합니다.

> **예** (고등학교 시절 가장 어려웠던 순간을 말해보라는 질문에)
>
> 저는 학생회 선거활동이 가장 어려웠습니다. 하지만 친구들과 함께 고된 일을 맡아 처리하고 나니 뿌듯했습니다. (X)
>
> 저는 학생회 선거활동이 가장 어려웠습니다. 왜냐하면 제가 지지하는 친구의 주장이 왜곡되어 나쁜 소문이 퍼지는 바람에 한 달간의 노력이 허사로 돌아갔기 때문입니다. (O)

분할의 오류

분할의 오류란 특정 집단의 특성이 특정 개체의 특성이라고 판단할 때 생기는 오류를 말합니다. 특히 발표 면접에서 주어지는 제시문에 자신이 알지 못하는 인물이 나왔을 때 그 시대의 전반적인 특징을 바탕으로 그 인물을 판단할 경우 분할의 오류를 범하게 됩니다. 교과서 속의 인물이나 지원학과와 관련된 저명한 학자들의 특성들을 확실히 구분할 수 있어야 이런 실수를 피할 수 있습니다.

예 (공자, 맹자와 순자의 차이를 모르고 지레짐작하여)

공자와 맹자를 이어 유교 학자로서 유명한 순자도 하늘(天)을 인간 행위의 심판관이라고 보았습니다. (X)

공자와 맹자는 하늘을 인간 행위의 심판관이라고 보는 관점을 취했으나, 순자는 이와 다르게 하늘은 자연에 불과하며 인간의 일과 관련이 없다고 주장하였습니다. (O)

Part 2

합격과 불합격을 결정하는
네 글자: 유.비.무.환.

01

[유有] 나를 돋보이게 하는 10분 드라마가 시작된다
: 표현, 자세, 언어, 복장, 시간, 태도

면접은 평가자가 지원하는 학생을 자기소개서라는 글이 아닌, 실제로 처음 만나는 자리입니다. 또 단 몇 분의 만남으로 합격 당락이 결정되는 자리이기도 합니다. 지식을 직접적으로 물어보는 심층 면접과 달리 인성 면접에서는 정확하고 깊은 지식을 요구하지 않습니다. 자기소개서에 있는 대로 자신의 이야기를 찬찬히 돌아보고, 그 이야기에 관련된 대답을 준비하면 됩니다. 이렇게 솔직하게 이야기할 준비가 되었다면, 인성 면접에서는 처음 만나는 사람과 대화할 때 지켜야 할 기본적인 것들을 지키는 것이 굉장히 중요합니다.

표현 : 모든 표현에 자신감을 담는다

　면접에서 제일 중요한 것은 면접자의 자신감을 보여주는 것입니다. 내가 이 학교에 입학할 수 있는 인재라는 것을 어필하려면 자신의 능력을 어떻게 드러낼 것인지가 굉장히 중요합니다. 자기소개서에 적은 내용을 모두 설명할 수 있다고 하더라도 그것을 설명할 때 자신감 있게 표현하지 못하면 면접관은 그 능력을 알 수 없습니다. 방법은 다음과 같습니다.

　첫째, 말에 자신감을 담아야 합니다. 자신이 한 말을 면접관이 알아들을 수 있도록 해야 합니다. 말끝이나 발음을 흐린다거나, 면접관이 들을 수 없을 정도의 작은 목소리로 이야기한다면 자신감이 없어 보일 것입니다.

　둘째, 행동에 자신감을 불어넣어야 합니다. 면접관에게 인사할 때, 면접을 진행 중일 때, 면접이 끝나고 나갈 때까지 자신감 있는 행동을 보여줍니다. 오버 액션을 하라는 것이 아닙니다. 인사를 당차게 한다던가, 기계적으로 답변하지 않는 등의 방법으로 자신감을 드러낼 수 있습니다.

　무엇보다 자신감을 드러내기 위해 꼭 해야 할 것은 '면접 준비에 많은 시간을 투자'하는 것입니다. 기본적으로 시험, 면접 등 어떤 것을 평가하는 순간에는 그 순간을 위해 열심히 준비한 사람이 더 잘하는 것이 당연합니다. 수학 공부를 많이 하면 수학 시험을 잘 보고, 국어 공부를 많이 하면 국어 시험을 잘 보는 것처럼, 면접도 면접 공부를 많이 하면 잘 볼 수 있습니다. 면접의 재료가 되는 자기소개서를 외울 수 있을 정도로 여러 번 읽고, 자기소개서에 적은 내용을 자연스럽게 말할 수 있어야 합니다. 예를 들어, 자기소개서에 과학 동아리활동 중 '아스피린 제작 실험'에 대해 썼다면 아스피린 제작 실험이 왜 기억에 남았는지, 실험 과정이 어떠하였는지, 실험 이후 나에게 어떤 변화가 있었는지를 막힘없이 이야기할 수 있어야 합니다. 이렇게 자기소개서 내용을 숙지하였으면 실전 면접처럼 연습해봅니다. 빈 교실에서 면접관 역할을 해줄 사람을 구한 뒤 실제 면접처럼 자신이 말끝을 흐리거나 발음이 부정확하지 않은지, 목소리 크기는 적당한지 등을 테스트하는 시뮬레이션을 하면서 면접에 대한 자신감을 키우고, 그 자신감을 드러낼 수 있도록 연습합니다.

자세 : 진지하고 당당하게 임한다

면접을 진행하면서 진지한 태도를 가져야 합니다. 침착하게 면접관의 질문을 경청한 뒤 그에 대한 대답을 할 수 있도록 온전히 집중합니다. 면접관이 질문을 하는데 손을 움직여 딴짓을 한다거나 눈을 마주치지 않는다면 그 면접은 바로 탈락입니다. 면접관이 질문을 할 때, 대답을 시작할 때 등 언제든 손은 무릎 위에가 있어야 합니다. 당연히 다리를 크게 벌리고 앉는다거나 다리를 꼬는 행동은 금물입니다. 이렇게 진지한 태도로 임하면서 앞에서 말한 자신감을 가지고 당당하게 대답합니다.

너무 진지하게 긴장된 모습을 보여도 면접관이 부담스러울 수있으니 얼굴에 살짝 미소를 띠는 것이 좋습니다. 너무 긴장하면얼굴은 무표정한데 입꼬리만 올라간 억지 미소가 될 수 있습니다. 이때 어색하지 않게 자신을 드러내려면 평소에 눈으로 웃는연습을 해보세요. 상대방이 내 눈을 보면서 미소 지을 수 있도록상대방을 따뜻하게 보는 연습을 하면 미소 연습에 도움이 될 것입니다.

언어: 은어, 비속어, 줄임말은 불합격의 지름길

우리는 교과서에 나와 있는 소설처럼 대화하지는 않습니다. 오히려 그렇게 말하면 친구들이 이상한 사람으로 취급하겠죠. 하지만 면접에서는 소설처럼 말할 수 있어야 합니다. 면접에서비속어를 쓰는 학생이야 없겠지만 일상생활에서처럼 줄임말, 은어 등을 쓰는 사람들은 간혹 있습니다. 실제 면접에서 어떤 학생이 자신의 친구와 갈등을 빚은 상황을 설명하면서 "아, 그 친구는 정말 노답이었어요."라고 한 경우가 있었습니다. 이 학생이 이렇게 말하고 싶었던 걸까요? 아닙니다. 무의식적으로 자신이 평소에 쓰던 표현이 튀어나온 것입니다. '에이, 그런 경우가 어디 있어. 어쨌든 나는 그렇지 않을 거야.'라고 생각할 수도 있지만, 이런 실수를 하는 사람들이 생각보다 많습니다. 평소에 정리해서 말하는 습관이 없다면 면접에서도 무의식적으로 이런 실수를 할 수 있습니다. 따라서 모의 면접을 할 때, 그리고 면접이 가까워졌을 때만이라도 타인과 대화할 때 생각을 정리하고, 표현을 정제해서 말하는 연습을 해야 합니다.

복장: 학생주임 선생님이 검사할 때 그대로

면접 복장에 대해 고민하는 학생들이 많습니다. 교복을 입어야 할지, 정장을 입어야 할지, 학생이라 정장이 부담되니 일상복을 고를까 하는데 캐주얼하게 입으면 안 되는 건지, 반대로 학생다움을 보여주기 위해 오히려 캐주얼하게 입어야 하는 건지 등고민이 많을 것입니다. 한 문장으로 정리해줄까요? 학생주임 선생님이 복장검사할 때처럼 입고 가면 됩니다. 학교마다 복장에 관한 교칙이 있을 것이고 그것을 철저히 검사하고 지키라고 강조하시는 학생주임 선생님 또는 다른 직책을 가진 선생님이 있을 것입니다. 그 선생님이 원하는 대로만 하고 면접에 들어가면 면접관이 복장 때문에 감점할 일은 없습니다.

기본적으로 고등학생에게 가장 어울리는 옷은 교복이라고 할 수 있습니다. 또 면접을 보기 위해 자신의 용모를 깔끔히 하고 면접관을 만나는 것이 기본적인 예의이기도 합니다. 그런데 이 용모 단정이라는 말을 오해하여 예쁘게 하고 가야 한다고 착각하는 학생들이 많습니다. 착각 끝에 짙은 화장을 하거나 정장을 입고 가는 친구들이 많은데, 학생다움을 원하는 면접관일 경우 오히려 감점 요인이 될 수 있습니다. 정장을 보고 '얘는 학생이 왜 교복을 안 입고...' 하며 감점시킬 수는 있어도, 교복을 보고 '얘는 왜 이렇게 구린 교복을 입고 왔어.' 하며 감점시킬 면접관은 없다는 말입니다. 그리고 복장 이외에도 손톱, 머리 등은 최대한 단정하게 액세서리, 화장 등은 최대한 자제하는 것이 좋습니다. 다시 한 번 강조하지만 학교 복장검사의 복장으로 면접에 임하면 됩니다.

가끔 학교를 드러내는 것을 방지하기 위해 면접에서 교복 착용을 금지하는 대학교들이 있으니, 우선 지원하는 대학교의 면접 공지사항을 꼼꼼히 확인해야 합니다. 교복을 금지하는 학교일 때 면접 복장은 남학생의 경우 가급적 청바지보다는 어두운

남색, 베이지색 등의 면바지와 흰색 셔츠 위에 카디건 또는 단색 니트로 코디하면 단정하고 말끔해 보일 수 있습니다. 여학생은 치마 또는 바지를 입는데 마찬가지로 원색은 피하고 엷은 색 셔츠에 니트를 입으면 단정하게 보입니다. 다만, 치마를 입을 경우 의자에 앉은 채 면접이 진행되므로 앉았을 때 무릎을 가릴 수 있을 정도의 길이를 선택합니다.

시간 : 면접시간은 15분이 아니라 1시간 15분이다

일반적인 인성 면접은 보통 준비하는 대기시간 없이 15분 정도가 걸립니다. 그런데 대기시간이 없다고 해서 이 15분이 면접의 모든 것이 아니라는 것을 알아야 합니다. 면접장에 도착하기 전부터 면접은 이미 시작되고 있습니다. 각 학교마다 면접 대기실 입실 시간이 있을 것입니다. 그 입실 시간보다 적어도 30분 먼저 도착하도록 합니다. 왜냐하면 면접 대기실을 잘 찾지 못해 제시간에 도착하지 못하는 등 다양한 이유로 시간에 쫓기는 상황이 벌어질 수 있기 때문입니다. 스마트폰의 지도 앱 등을 이용하면 헤맬 일이 없을 것 같지만, 실제로 가보면 다른 건물에 가려 지도에서 보던 것과 달리 쉽게 찾을 수 없는 곳도 있습니다. 또 처음 보는 건물이고 공학관 1, 공학관 2처럼 건물 이름들도 비슷하기 때문에 어떤 면접실로 들어가야 되는지 헷갈릴 수도 있습니다. 적어도 공지된 시간 40분 전에는 학교의 정문이나 후문에 도착하고, 30분 전에는 면접 대기실 건물로 들어설 수 있도록 하는 것이 좋습니다.

면접을 30분 남기고 면접 대기실에 도착해서도 긴장을 풀면 안 됩니다. 면접 대기실에 들어선 순간 본격적인 면접이 시작되기 때문입니다. 면접 시작 순서를 학교에서 임의로 정해주는데 내 순서가 첫 번째가 될 수도 마지막이 될 수도 있습니다. 이 순서를 면접 전에 알려주는 학교도 있지만 입실 마감 후 면접 대기실에서 알려주는 학교도 있으므로 자신의 순서가 어떻게 될지 모르니 미리 준비하고 있어야 합니다. 따라서 순서에 상관없이 30분 전에 면접 대기실에 입실하여 마지막 면접 준비, 즉 이미지 트레이닝을 시작해야 합니다.

대학교에 들어가는 마지막 관문인 면접을 준비하기 위해 꼼꼼히 알아보고 돌발 상황에 대비하여 시간을 넉넉히 잡고 행동하는 것이 마음을 편하게 만드는 지름길입니다.

태도: 면접관을 한두 번 본 부모님의 친구처럼 대하라

면접관은 예의 있는 학생을 좋아합니다. 예의라는 것이 면접 평가 항목에 직접적으로 언급되어 있어 그 부분의 점수를 받는 것은 아닙니다. 하지만 면접 평가의 기준인 창의성, 적극성 등은 평가자의 주관이 개입되는 항목일 수밖에 없습니다. 학생의 태도에 따라 첫인상이 결정되고 그 첫인상을 토대로 학생을 평가하게 되므로 올바른 예의와 태도로 좋은 첫인상을 심어주는 것은 필수입니다. 하지만 너무 긴장하여 극존칭을 쓴다거나, 부담스러울 정도로 행동 하나하나를 조심하는 모습도 면접의 분위기를 좋은 쪽으로 이끌지는 못합니다. 따라서 면접관과 대화할 때는, 한두 번 본 부모님의 친구를 단 둘이 보는 것처럼 행동하면 됩니다. 최대한 공손하게 합니다. 면접관은 무조건 떨어뜨리기 위해서가 아니라 이 학생이 최대한 자신의 역량을 발휘할 수 있도록 도와주고 그것을 평가하기 위해 그 자리에 있는 것입니다. 따라서 최대한 예의를 갖춰야 하지만, 면접관이 나를 적대적으로 대하는 것이 아니라 나를 도와주는 사람이라고 생각하고 면접에 임하면 마음이 한결 편할 것입니다.

02

[비備] 성공적인 면접을 위한 3단계 전략

수시전형에서 면접은 대학수학능력시험일로부터 2, 3주 전 또는 1, 2주 후에 이루어집니다. 수능 최저등급을 요구하는 수시전형이 대부분이기 때문에 수능 공부에 집중할 수밖에 없는 것이 현실입니다. 따라서 면접을 앞둔 수험생들이 준비할 기간은 아주 짧습니다. 수능을 보기 전의 시간을 활용하여 긴 시간을 두고 준비한다고 해도 면접에서 요구하는 다양한 평가기준들을 충족시킬 수 있도록 제대로 준비한다는 것이 쉽지 않습니다. 면접에 집중하게 되는 만큼 수능에 집중할 수 있는 시간이 줄어들기 때문입니다. 간혹 소수의 학생들은 많은 노력을 필요로 하는 수시를 포기하고 수능으로만 평가하는 정시에 모든 것을 쏟는 것을 고려하기도 합니다. 하지만 정원의 70%에 육박하는 인원을 수시로 뽑는 현재의 입시 상황에서 수시를 포기하는 것은 어리석은 일입니다. 이렇게 선택과 집중에 고민할 수밖에 없는 것이 수시에 지원하고자 하는 학생들이 마주하고 있는 현실입니다. 따라서 반드시 성공할 수 있는 효율적인 준비를 해야 수능과 면접을 놓치지 않을 수 있습니다.

효율적인 면접 준비란 면접에서 마주할 상황들에 대해 사전에 준비하는 것을 의미합니다. 면접을 경험해보지 못한 대부분의 학생들은 면접 상황 자체를 두려워하는 경향이 있습니다. 두려움 때문에 준비 단계부터 집중하지 못하는 상황을 타개하는 것이 우선입니다. 면접에 대한 두려움을 해소하기 위한 3가지 전략이 도움이 될 것입니다. '지원하고자 하는 학교 및 학과에 대한 정보 정리하기', '면접관에 대해 파악하기', '면접 유형 및 가상 상황 떠올려보기'입니다. 하나하나 자세히 알아보겠습니다.

03

전략 1: 지원학과의 비전과 교육목표를 정리하라

자기소개서를 쓸 때 지원하고자 하는 학교와 학과가 지향하는 비전과 교육목표를 살펴보는 것은 기본입니다. 자기소개서의 연장선인 면접을 준비할 때도 마찬가지입니다. 대학의 목적은 대학설립 목적을 이루는 것이며, 당연히 대학설립 목적을 이루는 데 보탬이 될 수 있는 학생들을 선발할 것입니다. 이와 더불어 교육기관으로서 대학은 대학이 추구하는 비전과 비전에 적합한 학생들을 선발하고 길러내고자 합니다. 따라서 대학이 추구하는 비전과 교육목표에 따라 선발 기준은 바뀔 수 있습니다. 또 비전과 교육목표를 제대로 정리한다면 실제 면접에서 나올 질문들도 예상할 수 있고 그에 대한 답변도 준비할 수 있습니다.

비전과 교육목표는 다음과 같이 정리할 수 있습니다. 더 나은 이해를 위해 충북대학교 경영학과와 서울시립대학교 경영학과의 비전과 교육목표를 직접 살펴보겠습니다. 또 각 학교의 인재상도 면접에서 중요한 기준이 될 수 있습니다. 대학의 인재상은 대학교 공식 홈페이지에 게재되어 있는 경우가 있지만 대개 비전과 교육목표를 통해 간접적으로 인재상을 도출할 수 있습니다. 이때 주의할 점은 '대학교 공식 홈페이지'를 방문하여 스스로 정리해야 한다는 점입니다. 블로그와 카페에 각 학교의 교육목표와 인재상을 정리해둔 경우가 있는데, 참고는 할 수 있겠지만 개인의 의견이 들어갔을 수 있으니 주의해야 합니다.

홈페이지를 참고하면 다음과 같은 표로 각 학교의 비전과 교육목표를 작성할 수 있습니다. 충북대학교 경영학과와 서울시립대학교 경영학과의 비전과 교육목표를 정리했을 뿐인데도 두 학교의 차이가 확연하게 드러납니다. 내용은 물론이고 비전과 교육목표를 정리해둔 형식도 다르며, 경우에 따라서는 구분하여 정리하지 않는 경우도 있습니다.

예시로 사용된 충북대학교와 서울시립대학교 경영학과의 비전과 교육목표를 찬찬히 확인해보면 면접에서 어떤 내용으로 질문이 주어질지 가늠할 수 있습니다. 특히 자기소개서의 내용 중에 위에서 정리된 내용과 관련된 소재와 주제로 쓴 것이 있다면 면접관이 물어보기 좋은 내용입니다. 그리고 교육목표는 인재상

▶ 대학 및 학과 교육목표, 인재상 정리하기

대학교	비전	교육목표	학과	비전	교육목표
서울시립대학교	- 미래를 선도하며 사회적 가치를 창조하는 혁신적 연구 - 시대정신과 시민정신을 갖춘 경쟁력 있는 인재 양성 - 사회적 변화를 주도하는 따뜻한 나눔 활동	- 폭넓은 교양, 깊은 학문적 이해 및 창의적 전문 기술을 지닌 지성인을 기른다. - 성실하고 근면하며 책임과 의무를 다하는 민주주의 시민을 기른다. - 미래 사회의 적응력을 갖추고 서울특별시와 국가 및 인류 사회의 발전에 공헌할 인재를 기른다.	경영학과	- 기업과 사회가 필요로 하는 혁신과 가치 창출을 주도할 핵심 인재의 양성 - 융합의 시대에 부응하는 탁월한 경영 교육과 연구를 추구하는 최상급 경영 대학	- 경영 지식을 갖춘 인재를 기른다. - 글로벌 역량을 갖춘 인재를 기른다. - Self & team 리더십을 갖춘 인재를 기른다. - 창의 혁신을 하고자 하는 인재를 기른다. - 윤리적인 인재를 기른다.

대학교	비전	교육목표	학과	비전	교육목표
충북대학교	'대한민국의 중심, 꿈을 이루는 창의 공동체 조성' - 창의 인재 육성 - 창의 학습 네트워크 - 창의 연구 클러스터		경영학과	- 창의적이고 윤리적인 글로벌 경영전문인력 양성과 질 높은 연구 활동으로 지역, 국가, 국제 사회에 기여 - 경영학 교육과 연구에 있어 국내 최고 수준의 경영학부	- 창의성: 통합적사고가 가능한 융복합형 인재를 기른다. - 윤리성: 윤리성과 사회적 책임성을 갖춘 인재를 기른다. - 전문성: 경영학 최첨단 전문 지식을 갖춘 인재를 기른다. - 지역거점: 지역사회에 봉사할 수 있는 인재를 기른다. - 세계화: 글로벌 마인드와 외국어 능력을 갖춘 인재를 기른다.

과 직간접적으로 연관되어 있기 때문에 유심히 볼 필요가 있습니다. 예를 들어 서울시립대 경영학과의 교육목표 중에는 "Self & team 리더십을 갖춘 인재를 기른다."가 있습니다. 그리고 자기소개서 3번 문항에는 "학교생활 중 배려, 나눔, 협력, 갈등 관리 등을 실천한 사례를 들고 그 과정을 통해 배우고 느낀 점을 구체적으로 기술하세요."가 있습니다. 만약 서울시립대학교 경영학과를 지원하고자 하는 학생이 자기소개서 3번 내용에 리더십과 관련한 내용을 썼다면, 면접에서도 질문으로 활용될 가능성이 크다는 말입니다. 이렇게 예측된 질문에는 미리 답변을 준비할 수 있습니다. 또한 서울시에서 운영하는 서울시립대와 지방의 국립대학인 충북대학교는 지역에의 공헌이 비전이나 교육목표에 포함되어 있습니다. 두 대학의 상황에 따른 현실을 반영한 부분입니다. 혹시나 해당 학교가 있는 지역에 대해 관심이 없었거나 잘 모르는 경우라면 해당 지역에 관한 이야기를 알아두는 것이 큰 도움이 될 수 있습니다.

04

전략 2: 면접관에 대한 정보를 파악하라

면접은 크게 2가지 형태로 나뉩니다. 서류기반 면접과 제시문 활용 면접입니다. 서류기반 면접은 학생부, 자기소개서 등의 서류를 기반으로 학생의 잠재력을 평가합니다. 제시문 활용 면접은 면접 전에 제시문을 주고 제시문과 관련된 문제에 대해 질문하여 평가합니다. 2가지의 면접 형태에 따라서 면접에 참여하는 면접관은 다르게 구성됩니다.

면접관으로는 입학사정관 및 전공 교수들이 참여합니다. 입학사정관은 전임입학사정관과 위촉입학사정관으로 다시 한 번 나뉩니다. 입학사정관을 부르는 명칭은 대학교마다 다를 수 있습니다. 앞의 구분은 서울대학교 입학사정관 분류를 따릅니다. 전임입학사정관은 교육 전문가로서 대학이 선정하여 채용하는 입학사정관입니다. 위촉입학사정관은 대학 내 교수 중 입학사정관으로서 적합한 사람이 위촉된 것입니다. 학교에 따라 다르겠지만 면접관 구성은 대부분 다음과 같습니다.

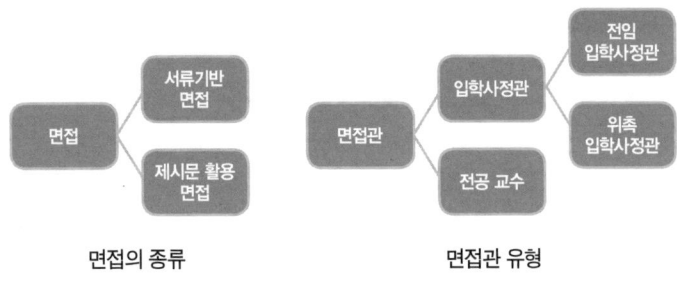

면접의 종류   면접관 유형

서류기반 면접에서는 면접관 중 입학사정관의 비율이 더 높고, 제시문 활용 면접에서는 전공 교수의 비율이 더 높습니다. 학생부, 자기소개서 등을 중심으로 진행되는 서류기반 면접은 서류에 있는 내용을 바탕으로 진행되기 때문에 전공과 관련된 특별한 전문 지식을 요구하지 않으나, 제시문 활용 면접에서는 전공과 밀접한 제시문이 면접 문제로 제시되고 답에 대한 전문적인 평가가 필요하기 때문에 전공 교수의 비율이 높은 것입니다.

학교마다 전체 입학사정관 중 전임입학사정관과 위촉입학사정관의 비율과 숫자는 모두 다르지만, 위촉입학사정관의 비율이 상대적으로 더 큽니다. 실제로 입학사정관의 정확한 구성을 밝힌 서울대학교의 경우를 보면, 2016학년도 입학사정관의 구성은 전임입학사정관이 26명이고, 학내 교수 중에 위촉된 위촉입학사정관은 110명입니다. 이 사실에 따르면 각 전공의 교수들이 모두 면접관으로서 참여하는 것은 아니지만, 면접관 중에 교수들의 비율이 압도적으로 높다는 사실을 알 수 있습니다. 서울대학교의 경우 각 단과 대학별로 위촉입학사정관을 위촉하였습니다. 다른 대학들도 이와 크게 다르지 않을 것이라 예상됩니다. 따라서 자신이 지원한 전공의 교수가 입학사정관 자격으로 면접에 참여할 수 있습니다. 각 교수들은 지원학과의 학문에 오랫동안 집중해왔고, 인정도 받고 계신 분들입니다. 면접에 참여할 때는 겸손한 마음가짐을 갖는 것이 중요합니다.

결론은 면접 전에 자신이 지원하고자 하는 학과의 교수들의 모습을 미리 확인하라는 것입니다. 수가 적지는 않지만 교수들의 모습을 미리 확인한다면 면접실에 들어섰을 때 익숙한 얼굴을 확인하고 긴장을 풀 수 있습니다. 각 학과의 교수들의 모습은 학과 홈페이지에 소개되어 있습니다. 또 신문 등을 통해서도 교수들의 모습과 활동 정보들을 파악할 수 있습니다.

05

전략 3: 면접 유형별 질문과 답변은 따로 있다

마지막 단계로 자신이 지원하는 전형이 어떤 형태의 면접을 보는지에 대해 알아야 합니다. 면접은 크게 4가지로 나누어집니다. 크게 보면 1명의 지원자와 2, 3명의 면접관이 참여하는 개인 면접과 다수의 지원자와 다수의 면접관이 참여하는 단체 면접이 있습니다. 개인 면접은 앞서 제출한 서류들을 바탕으로 성장 환경이나 학교생활에 대한 심도 있는 질문이 오가는 인성 면접과 논리력, 창의력, 문제해결력을 평가하기 위한 문제풀이 면접이 있습니다. 단체 면접은 개인의 특성을 관찰하기 위한 인성 면접과 다수의 지원자가 토론을 진행하는 토론 면접으로 나누어집니다.

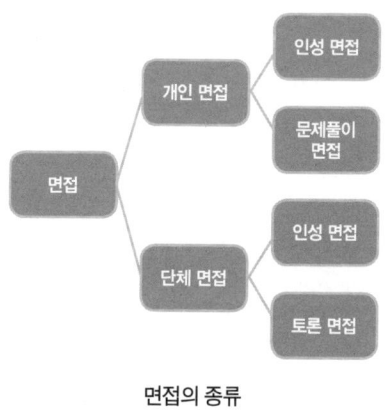

면접의 종류

　개인 인성 면접에서는 학과에서 원하는 인재상에 부합하는지, 자기소개서나 학생부와 관련된 내용이 허위인지, 허위가 아니라면 어느 정도로 몰입했는지 등을 평가합니다. 개인 인성 면접에서는 지원자 1명을 10~20분 동안 2, 3명의 면접관이 질문하고 평가하며 개인의 특성을 최대한 파악합니다. 다양한 질문이 연속해서 주어질 수 있으니 당황하지 말고 침착하게 답하는 것이 좋습니다. 특히 학생부 기록 내용 중 전공과 관련된 책을 독서활동에 썼다면 질문으로 주어질 가능성이 아주 큽니다. 따라서 학생부에 어떤 책이 독서활동에 기록되어 있는지 확인해보고 관련 내용을 숙지해두는 것이 좋습니다.

　단체 인성 면접의 경우에는 같은 질문에 대하여 다수의 지원자들이 차례로 대답하거나 먼저 하고 싶은 사람이 손을 들어 답변하게 됩니다. 모두 답을 한 후에는 각 지원자에게 면접관들이 궁금해하는 내용을 따로 질문할 수 있습니다. 주어진 시간에 다수의 지원자가 자신을 어필해야 하기 때문에 다른 사람들도 모두 할 수 있는 답변보다는 자신만이 할 수 있는 답변을 하는 것이 좋습니다. 창의적인 답변을 했을 때 면접관이 호기심을 가지고 추가질문을 할 가능성이 큽니다. 그러나 자신에게 질문이 오지 않는다고 해서 면접관이 자신보다 다른 지원자에게 마음을 더 두고 있는 것은 아닙니다. 단지 질문을 할 만한 소재가 나왔기 때문에 구체적으로 알고 싶을 뿐입니다. 따라서 자신에게 질문이 많이 오지 않는다고 해서 자세를 구부정하게 한다거나 표정을 찌푸리는 것은 삼가는 것이 좋습니다. 다수의 면접관이 심사를 보고 있는 상황이기 때문에 자신에게 질문이 주어지지 않더라도 다른 사람의 대답에 어떻게 반응하고 있는지를 평가하고 있기 때문입니다.

개인 면접 중 문제풀이 면접에서는 면접장에 들어가기 15~20분 전에 제시문과 문제가 주어집니다. 문제에 대해 자신의 생각을 정리한 후 면접장에 들어가서 발표하는 방식입니다. 제시문은 전공과 관련된 내용일 가능성이 매우 높으므로 자신이 지원하고자 하는 학과와 관련된 책이나 최근에 유행하는 주제들에 대해 미리 알아가는 것이 좋습니다. 전공과 관련된 문제지만 수능이나 내신 문제처럼 답이 정해져 있는 문제들이 출제되는 것은 아닙니다. 지원자의 수학능력, 창의력, 논리력, 사고력, 문제해결력 등을 평가하기 위해 출제되는 문제이기 때문에 자신의 생각을 논리정연하게 발표하는 것이 핵심입니다. 면접관들 중에는 지원자의 발표에 도움을 주기 위해 간단한 질문을 던지거나 지원자가 지금까지 했던 내용을 다시 말해주기도 합니다. 따라서 자신이 답변할 때 조금 미숙한 것 같더라도 자신감을 가지고 면접관들이 주는 힌트를 잘 활용하는 것이 좋습니다.

단체 면접 중 토론 면접은 다수의 지원자가 특정 주제에 대해서 찬반으로 나뉘어 자유롭게 토론하는 방식입니다. 이때의 토론은 면접관 중 한 명이 진행하게 됩니다. 토론 면접은 발표 면접과 마찬가지로 논리력, 사고력, 문제해결력을 중심으로 평가합니다. 하지만 다수의 지원자와 상호작용하게 되는 토론 면접에서는 개인 면접인 문제풀이 면접과는 다른 평가기준이 적용됩니다. 문제풀이 면접은 혼자서 면접에 참여하기 때문에 자신의 생각을 아주 풍부하고 구체적으로 전달하면 좋은 점수를 받을 수 있습니다. 그러나 토론 면접은 다수 사람들의 의견에 귀를 기울이고 적절하게 반문하며 자신의 의견을 설득력 있게 전달하는지 등을 보는 평가기준이 따로 있습니다. 자신이 돋보이기 위해 상대방의 발언에 민감하게 반응하고 자신의 의견을 지나치게 주장하는 것은 오히려 좋지 않은 평가를 받게 될 수 있으니 주의해야 합니다.

준비가 되었다면 시뮬레이션을 하자

위와 같이 성공적인 면접을 위한 3단계가 준비되었다면 모든 정보를 종합하여 가상의 면접장과 면접관, 다른 지원자들을 떠올리며 시뮬레이션하는 것이 중요합니다. 이때 1인칭 시점으로 자신이 지원자가 되어 면접관을 응시하는 자세, 면접관의 질문에 귀 기울이는 자세, 자신감 있게 말하는 것 등을 떠올릴 수 있습니다. 그리고 2인칭 시점으로 자신이 면접관이라면 지원자를 어떻게 바라볼 것인가를 생각해보는 것도 좋습니다. 지원자의 어떤 점이 더 나아 보일지, 어떤 점을 조심해야 할지에 대해 생각할 수 있습니다. 마지막으로 3인칭 시점으로 자신과 면접관 간의 거리, 다른 지원자들과 자신이 소통하는 과정 및 면접관의 태도 등을 상상해볼 수 있습니다. 이러한 시뮬레이션은 실제로 면접을 연습했을 때와 비슷한 효과를 낼 수 있고 경우에 따라서는 실제 면접 연습보다 더 많은 것을 배울 수 있습니다.

06

[무無] 면접관을 만족시키는 비장의 화법을 준비하라

면접에서 지원자를 관찰하고 평가하는 것은 온전하게 면접관들입니다. 그런데 면접관들은 지원자가 학교생활을 얼마나 성실하고 보람 있게 했는지, 내신성적은 학교에서 상위 몇 퍼센트인지, 일상생활에서 어떻게 성실한지 등에 대해서는 자세히 알지 못합니다. 면접관 앞에 앉게 되는 지원자들은 면접관과 주고받는 질문과 답변에 의해서만 평가될 뿐입니다. 즉 다른 지원자보다 성실하고 보람찬 학교생활을 보냈어도 주고받는 질문과 답변이 면접관이 생각한 것에 미치지 못하면 점수로 인정받지 못한다는 말입니다. 따라서 면접장에 들어서는 순간 자신이 쌓아온 내공을 허무하게 만들지 않기 위해서라도 그 어느 때보다 집중해야 합니다.

중요한 것은 면접관의 질문에 대한 답변의 '내용'이 지원자에 대한 평가기준의 전부가 아니라는 점입니다. 면접관은 수십 명의 지원자들을 평가합니다. 지원자 한 명당 10~15분의 시간이니 6명만 본다고 해도 한 시간이 넘게 걸립니다. 면접을 보기 위해 하루 종일 지원자들과 마주하고 있어야 하는 것이 면접관들의 현실입니다. 더구나 지원자들의 대답 내용에는 큰 차이가 없습니다. 그 이유는 지원자들의 '공통적인 매력'에 있습니다. 인성 면접의 경우 자기소개서와 학생부 등의 제출서류를 바탕으로 하는 시험인데, 1차를 통과한 사람들의 제출서류에는 이미 매력적이라고 평가되는 내용들이 포함되어 있고, 면접관의 질문과 지원자의 대답은 제출서류 속의 내용에서 크게 벗어나지 않습니다. 또 발표 면접의 경우 고등학교 정규 교육과정 내에서 학습한 내용을 바탕으로 답변하도록 되어 있습니다. 따라서 고등학교 정규 교육과정을 따라 교육받은 학생들의 답변에 크게 차이가 있을 수 없지요. 결과적으로 같은 내용을 수없이 반복해서 듣고 있는 면접관들은 지치기 마련입니다.

그렇기 때문에 답변의 '내용'도 중요하지만 답변을 전달하는 '방식'도 내용만큼이나 중요합니다. 비슷한 내용을 담고 있는 수십 명의 이야기를 듣고 있을 면접관의 역할과 입장을 생각해 본다면, 듣기 어려운 방식으로 전하는 이야기를 듣는 것이 얼마나 지루하고 힘들지 짐작할 수 있습니다. 따라서 여러분은 면접관이 듣기 편한 방식으로 자신의 이야기와 생각을 전달하는 방법을 알아야 합니다.

SIMPLE is BEST

"단순한 것이 최고다."라는 유명한 말은 말하기에서도 통합니다. 상대방의 머리가 복잡해지지 않도록 이해하기 쉽게 자신의 생각과 말을 전하는 것이 단순하게 말하는 방법입니다. 구체적으로 보면 단순하게 말하기의 첫 번째 방법은 '두괄식으로 말하기'입니다 사람들은 다른 사람의 이야기를 들을 때 '요점'을 파악하고 싶어 합니다. 친구들과 어떤 이야기를 시작하거나 전화를 처음 받았을 때를 생각하면 이해하기 쉽습니다.

친구에게 이야기를 시작할 때

A: 나 너한테 할 말 있어.

B: (   )

전화를 처음 받았을 때

C: 안녕하세요. ○○○ 씨 자택 맞나요?

D: 맞습니다. (   )

위와 같은 상황에 있을 때 B와 D가 어떤 말을 할지 예상이 되죠? 아주 일상적인 대화 상황이라면 B는 "뭔데?"라고 물을 것이며, D는 "무슨 일이신가요?"라고 물을 것입니다. 사람들은 말의 전체 내용을 듣기 전에 그 내용이 말하고자 하는 바를 명확히 듣고 싶어 합니다. 그리고 요약되어 전달된 이야기의 주제가 흥미로울 때 더 집중하게 됩니다. 예시로 든 상황은 면접 상황과 유사합니다. 지원자는 자신의 이야기를 해야 하는 사람이고, 면접관은 지원자의 이야기를 들어야만 하는 사람입니다. 면접관은 지원자들의 이야기가 궁금합니다. 하지만 수십 번의 면접 때문에 지친 면접관들은 일상에서 사람들이 요점에 대해 요구하는 정도보다 훨씬 더 크게 요점을 요구하는 상황에 있습니다. 면접관의 입장에서 다음의 두 이야기가 어떻게 받아들여질지 생각해보면 두괄식으로 말해야 하는 이유를 더 잘 알 수 있을 것입니다.

질문: 자신이 고등학교 시절에 해본 일탈 중 가장 기억에 남는 것은 무엇인가?

답변 1: 고등학교 시절 저의 귀가 시간은 8시로 정해져 있었습니다. 집안이 엄한 까닭에 다른 친구들보다 귀가를 일찍 해야 했습니다. 그래서 친구들과 오랫동안 어울리지 못했습니다. 항상 이것이 불만이었는데 그렇게 불만이 쌓인 채로 공부를 하다가 평소에 억압되어 있던 마음이 풀어져서 부모님이 잠든 시간에 몰래 밖으로 나와 친구들과 모였습니다. 친구들과 함께하는 새벽은 색달랐습니다. 친구들과 저는 너무 기쁜 마음에 새벽에 큰소리로 떠들고 웃으면서 돌아다녔습니다. 하지만 곧 주민들로부터 항의를 들었고 어떤 주민 분은 밖으로 나오시기도 했습니다. 너무 신나서 다른 상황은 안중에 없었다가 놀란 마음에 친구들과 혼나지 않기 위해 도망쳤습니다. 마음은 불편했지만 친구들과 만든 추억 때문에 행복한 일로 기억되었습니다.

답변 2: 부모님이 정해주신 귀가 시간이 지난 후 새벽에 집을 나온 적이 있습니다. 고등학교 시절 저의 귀가 시간은 8시로 정해져 있었습니다. 집안이 엄한 까닭에 다른 친구들보다 귀가를 일찍 해야 했습니다. 그래서 친구들과 오랫동안 어울리지 못했습니다. 항상 이것이 불만이었는데 그렇게 불만이 쌓인 채로 공부를 하다가 평소에 억압되어 있던 마음이 풀어져서 부모님이 잠든 시간에 몰래 밖으로 나와 친구들과 모였습니다. 친구들과 함께하는 새벽은 색달랐습니다. 친구들과 저는 너무 기쁜 마음에 새벽에 큰소리로 떠들고 웃으면서 돌아다녔습니다. 하지만 곧 주민들로부터 항의를 들었고 어떤 주민 분은 밖으로 나오시기도 했습니다. 너무 신나서 다른 상황은 안중에 없었다가 놀란 마음에 친구들과 혼나지 않기 위해 도망쳤습니다. 마음은 불편했지만 친구들과 만든 추억 때문에 행복한 일로 기억되었습니다.

'답변 1'과 '답변 2'의 차이는 질문자가 듣고 싶어 하는 이야기의 요점을 맨 앞에 추가했다는 것밖에 없습니다. 하지만 '답변 2'에서는 질문자가 듣고 싶어 하는 내용을 처음에 먼저 말했기 때문에 질문자는 호기심과 집중력을 유지한 채 나머지 내용을 편하게 들을 수 있습니다. 반대로 '답변 1'의 경우 결론이 전체 내용의 중후반에 등장함으로써 질문자는 답변자가 어떤 내용을 말하고 있는가를 파악하기 위해 처음부터 끝까지 긴장을 풀지 못하게 됩니다. 자칫 집중하지 못하면 답변자가 말하고 싶은 내용을 전혀 파악하지 못하게 되기 때문입니다.

단순하게 말하기의 두 번째 방법은 '지나치게 긴 문장으로 말하지 않기'입니다. 지나치게 긴 문장은 듣는 사람이 문장이 끝나기 전까지 긴장을 유지해야 합니다. 지나치게 길어지는 문장 속에는 많은 수식어들이 있어서 중의적인 내용을 담을 수 있게 되고, 여러 개의 내용이 섞일 수 있어 내용 파악이 어렵습니다. 따라서 한 가지의 내용만 깔끔하게 담아서 상대방이 큰 에너지를 들이지 않고도 이해할 수 있도록 하는 것이 중요합니다. 또는 쉼표를 적절히 사용해 질문자가 답변의 내용을 이해하고 정리할 수 있는 시간을 주는 것이 좋습니다.

답변 2: 부모님이 정해주신 귀가 시간이 지난 후 새벽에 집을 벗어난 적이 있습니다. (중략) 항상 이것이 불만이었는데 그렇게 불만이 쌓인 채로 공부를 하다가 평소에 억압되어 있던 마음이 풀어져서 부모님이 잠든 시간에 몰래 밖으로 나와 친구들과 모였습니다. (중략) 그러다가 놀란 마음에 친구들과 혼나지 않기 위해 도망쳤습니다. 마음은 불편했지만 친구들과 만든 추억 때문에 행복한 일로 기억되었습니다.

위의 답변 속에서 '항상 이것이 불만이었는데 ~ 친구들과 모였습니다'라는 문장이 '지나치게 긴 문장'이라고 할 수 있습니다. 이 문장 안에는 '불만이 계속 쌓였다', '공부를 하다가 마음이 풀렸다', '부모님이 잠든 시간에 몰래 나갔다', '친구들과 모였다'라는 많은 정보가 포함되어 있습니다. 이러한 정보들을 모두 파악하기 위해서 듣는 사람은 문장이 끝나기 전까지 긴장을 늦출 수 없습니다. 대신 "그래서 불만이 항상 쌓여 있었습니다. 하루는 공부를 하다가 쌓여 있던 불만이 터졌습니다. 그래서 부모님이 잠든 시간에 몰래 밖으로 나갔습니다. 나와서 친구들과 모이게 되었습니다."라고 적절한 길이로 잘라서 말하거나 하나의 긴 문장을 말하되 쉼표를 적절히 사용하는 것이 좋습니다.

단순하게 말하기의 세 번째 방법은 '단답형으로 답하지 않기'입니다. 지금까지 '단순하게 말하기'는 질문하는 사람의 머릿속을 복잡하게 하지 않고 자신의 생각과 이야기를 전달하는 것이라고 했습니다. 그런데 가장 단순하게 보이는 이 '단답형 대답'은 질문자의 머리를 가장 복잡하게 하는 것 중 하나입니다. 왜냐하면 질문자는 하나의 질문을 할 때 어느 정도 답변의 길이를 예상하면서 여유롭게 답변을 듣기 위해 준비하고 있기 때문입니다. 그와 동시에 다음 질문에 대해 생각해보기도 하고 답변을 들으면서 그 내용에서 다음 질문을 만들어내기도 합니다. 그런데 '예/아니요'로 답변하면 질문자는 당황하게 됩니다. 답변이 어느 정도 걸릴 것이라는 기대와 다르게 진행되는 것에, 또 다음에 이어질 적절한 질문을 찾지 못해 당황한 것입니다. 따라서 면접관의 질문이 '예/아니요'로 대답할 수 있는 형식의 질문이라고 하더라도 그렇게 대답한 이유를 포함하여 답하는 것이 좋습니다.

07

[환患] 학원 컨설팅보다 값진 면접 스터디가 정답이다

많은 학생들은 수능 준비 때문에 면접을 준비할 시간이 없다고 생각하면서 고액의 면접 학원을 다닙니다. 면접 학원의 수강료는 한 달에 적게는 30~40만 원, 많게는 몇백만 원을 호가하기도 합니다. 일주일 안에 면접 준비를 해준다는 학원부터 몇 번의 컨설팅만으로 이런 금액을 받기도 하지요. 물론 이런 학원들이 효과가 없는 것은 아닙니다. 평소 학원에서 하는 일은 대학입시 면접에 대한 정보수집과 기출문제 분석, 예상문제 분석입니다. 전문적으로 이런 업무를 하기 때문에 많은 정보와 도움을 줄수 있는 건 사실입니다. 따라서 면접 학원이 도움이 되지 않는다는 것이 '아닙니다.' 다만 면접 합격을 위해 '굳이' 학원을 다니지 않아도 된다고 이야기하고 싶은 것입니다.

"학원을 다니지 않고도 면접에 합격할 수 있다!"

이 말에 이렇게 반문하는 수험생도 있을 것입니다.

"수능 공부하느라 준비할 시간이 없는데 짧은 기간 동안에 어떻게 면접을 준비하나요?
면접을 혼자 준비한다고 쳐도 학원에서 제공해주는 전문적인 서비스를 어떻게 우리가 직접 할 수 있나요?"

그럼 필자는 이렇게 답변하겠습니다.

"수능 공부에 크게 영향을 끼치지 않고도 면접을 준비할 수 있고, 학원에서 제공하는 면접 문제 등도 충분히 스스로 준비할 수 있습니다."

필자가 이 책을 기획하면서 가장 안타까웠던 사실은 면접 학원에 고액의 학원비를 쓰면서도 좋은 성과를 거두지 못하는 수험생들이 너무 많다는 사실입니다. 또 학원에서 제공하는 서비스를 맹신하면서 직접 준비하는 것을 두려워하는 학생들도 많습니다.

특히 학생부종합전형이 도입되면서 면접은 자기소개서 중심으로 질문이 구성됩니다. 따라서 전공 적합성 문제나 심층 면접으로 골머리를 앓았던 학생들의 어려운 점은 많이 사라지게 되었습니다. 대학에서도 학원에서 준비한 티가 나는 너무 '준비되어 있다'고 판단되는 학생들에게 좋은 평가를 주지 않은 경우도 있습니다. 가장 중요한 것은 남의 도움을 받으면 자신이 직접 준비한 것이 아니기 때문에 '자신의 실력'이 아니라는 점입니다. 수시 면접을 직접 준비하게 되면 실력이 온전히 자기 것이 되어 어떤 질문이 들어온다 할지라도, 어떤 상황에 맞닥뜨리게 된다 하더라도 해결할 수 있는 능력이 생기게 됩니다.

지금부터 혼자서 준비할 수 있는 방법을 설명하겠습니다. 혼자서도 할 수 있습니다!

08

정답 1: 최고의 면접 팀원을 섭외하라

혼자란 말의 의미는 문자 그대로의 '혼자'를 의미하지는 않습니다. 여기에서는 '전문적인 서비스'를 받지 않고 준비하는 것을 말합니다. 대입과 취업은 준비 과정이 비슷합니다. 취업을 준비하는 사람들은 '취업 스터디'를 모집하여 합격을 위해 '함께' 준비합니다. 대입은 고등학교의 성적이나 활동을 바탕으로 서류전형, 면접전형을 거쳐 합격이 결정됩니다. 취업은 대학 때의 성적, 활동(인턴 등) 등을 바탕으로 서류전형, 면접전형을 거쳐 합격이 결정됩니다. 취업 시 대기업은 적성시험 등을 따로 보기도 하지만 대개 서류와 면접전형 두 개로 구성됩니다. 서류는 대입은 학생부, 취업은 직접 학점과 활동들을 기록하여 작성합니다. 자기소개서를 작성해야 하는 것도 똑같습니다. 지원 학교 또는 회

사에 입사를 원하는 이유, 고등학교 시절의 활동 또는 대학시절의 활동 등을 물어봅니다. 학생부종합전형 4번 문제는 대학 자율 문항으로 독서 혹은 학업 계획, 자신의 생각 등을 묻는 문제를 출제하는데 기업에서도 기업에서의 커리어 계획 등을 물어보기도 합니다.

팀으로 준비해야 하는 이유는 무엇일까요? 혼자서 준비하면 객관적인 시각을 확보할 수 없습니다. 그래서 자신을 객관적으로 봐줄 수 있는 사람의 도움이 필요합니다. 또한 지원하는 학교에서 출제하는 문제, 경향 등을 각자 준비해 온다면 혼자 준비해야 하는 시간을 절약할 수 있습니다. 대개 같은 학교에서는 지원하는 학과가 다른 경우가 많습니다. 학교가 같은 경우는 많을 것입니다. 지원하는 학과 및 학교가 다르다고 해도 준비하는 과정은 비슷하고 객관적인 시각이 필요하기 때문에 스터디 그룹을 모집하면 '혼자' 준비할 수 있도록 도와주고 실력을 키우는 데 큰 도움을 줍니다.

지금 당장 학교에서 4~6명 규모의 면접 준비 스터디를 모집합니다. 각 반 뒤에 A4 한 장으로 면접 스터디를 모집한다는 글을 직접 붙여보는 것은 어떨까요? 평소에 같이 공부하는 친구들로 구성해도 됩니다. 4~6명이 가장 적절한 이유는 대부분의 면접이 수험생 1명과 면접관 2, 3명으로 구성되기 때문에 인원상

적절하고, 자기소개서를 분석해 서로 다른 시각으로 질문을 뽑아보기에도 좋습니다. 또 학교 학과 분석 및 기출문제 검색을 나누어서 같이 할 수 있기 때문에 시간을 절약할 수 있습니다. 그러나 수능 전에 면접을 보는 대학교도 있기 때문에 이를 고려해 면접 스터디의 구성원을 정해야 합니다.

모집 글을 작성할 때는 지원하는 대학(대학 이름을 여러 개 나열하는 것이 좋습니다.), 전형 종류(학생부종합전형 등), 같이 하게 될 일(면접 시뮬레이션, 기출문제 공유, 자기소개서 질문 만들기), 스터디 일정(일주일에 2, 3회 등) 등에 대한 정보를 넣으면 됩니다.

스터디 일정 및 스터디에서 각자의 역할을 확정하라

첫 모임을 가졌을 때 수능 일정 및 각자 지원한 학교, 학과의 일정에 맞게 부담되지 않는 선에서 일정을 정합니다. 수능 전에는 주 1회, 2시간 정도가 적당하다고 할 수 있습니다. 수능 준비에 부담이 안 될 뿐만 아니라 기본적인 사전 준비를 할 수 있는 시간이기 때문입니다. 수능 전에 면접을 보는 수험생이라면 2, 3회로 각자 다른 대학, 학과를 지원했다고 하더라도 크게 문제가 되진 않습니다. 예를 들어 자기소개서에서 예상 질문, 추가 질문을 뽑는 것은 공통적으로 할 수 있고, 학과별 기출문제의 경우는 같은 계열이라면 함께 공유하여 준비하는 것도 큰 도움이 되기 때문입니다.

일정을 정했다면 스터디의 회차 수에 따른 일을 정합니다. 1회 차에는 학교 학과 분석 준비해 오기(학교 학과 분석, 학과 교수님 명단 및 성향, 기출문제 및 면접 시간과 방식 등의 리서치, 이 책의 Part 4에서 관련 정보를 제공합니다.) 2회 차에는 자기소개서를 서로 공유한 후 예상 질문 만들어 오기, 3회 차는 각 학교의 면접 방식에 따른 시뮬레이션, 4회 차도 시뮬레이션 등으로 커리큘럼을 함께 구성합니다.

09

정답 2: 모의 면접, 반복하고 또 반복하라

    첫 모임에서 제일 중요한 것은 학교와 학과 분석입니다. 앞에서도 기술했지만 수시 면접을 대비하려면 학교의 인재상, 학과에서 배우는 내용을 가장 기본적으로 분석해야 합니다. 다음으로 기출문제 및 면접 방식을 검색합니다. 각 학교 홈페이지 혹은 검색 포털 사이트에서 '○○대학교 ○○학과 면접 기출문제'라는 키워드로 검색하는 약간의 수고만 한다면, 인터넷상에서 생각보다 많은 정보를 발견할 수 있습니다. 다른 스터디원이 분석한 내용과 방식을 공유하면서 자신의 분석을 정교하게 다듬는 것이 좋습니다.

자기소개서 예상 문제를 만든다

학생부종합전형의 경우 자기소개서를 바탕으로 한 사실 확인 및 인성 면접이 주를 이루기 때문에, 입학사정관들은 자기소개서를 면밀히 검토하고 질문을 합니다. 따라서 스터디원이 함께 모여 자기소개서를 서로 돌려보면서 예상 질문을 뽑아보면 큰 도움이 됩니다. 예상 질문을 뽑는 과정에서도 각자 어떤 질문이 나올 것인지에 대해 가늠하면서 실력을 키울 수 있기 때문입니다. 각자의 자기소개서 예상 질문을 받은 학생들은 자신만의 답을 정성스럽게 준비해야 합니다.

모의 면접을 반복적으로 진행한다

지난 회차에서 준비한 학과별 질문, 자기소개서 예상 질문 등을 바탕으로 4명이 팀원일 경우 2명이 면접관 역할을 하고, 1명이 수험생, 나머지 1명은 관찰자가 되어 말하는 태도, 논리성 등 수험생 역할을 하는 학생의 면접 태도를 관찰합니다. 모의 면접이라도 '실전'이라는 생각을 가지고 준비해야 합니다. 수업이 끝난 후 빈 교실이 많을 것입니다. 혹은 동아리 교실 등을 활용해 면접관은 학교의 입학사정관 역할을 해야 하고 수험생 역할의 학생은 사전 준비를 확실하게 해야 합니다. 책상 2, 3개를 면접관용으로 두고, 그 앞에 의자 한 개를 두어 수험생이 앉게 합니다. 그리고 교실의 뒤쪽에서 관찰자가 태도를 체크합니다. 모의면접을 할 때는 서로 역할을 다르게 하여 2, 3회 진행합니다. 면접 1회가 끝날 때마다 수험생 역할이었던 학생은 면접관 역할의 학생들과 관찰자 학생의 피드백을 듣고 문제점을 개선한 후 다음 면접 시뮬레이션을 준비하도록 합니다. 이때 각 수험생의 학교 및 학과 면접 시간 방식과 동일하게 진행하는 것은 기본입니다.

지금까지 학원의 도움을 받지 않고 '혼자' 준비하는 구체적인 방법을 설명했습니다. 수능 시험 전까지 하루 종일 수능 공부를 하는 것도 중요하지만, 사이사이 면접 준비를 해보면 자신의 목표를 다잡을 수 있는 좋은 기회가 되기도 합니다. 전공 적합 질문이 나오는 학과의 경우 그것 또한 수능과 연결되기 때문에 진정한 자신의 실력을 키울 수 있습니다. 공부를 잘하는 학생들의 공통점은 자습시간이 많다는 것입니다. 남에게만 의존하지 않고 자신의 힘으로 문제를 풀어나가는 능력을 배양할 수 있기 때문이지요. 면접도 똑같습니다. 자신의 힘으로 준비하면 시간이 더 걸릴 수는 있겠지만 진정한 면접 실력이 배양됩니다. 자, 이제 빨리 면접 스터디원을 모집하는 것이 어떨까요?

진짜보다 더 진짜 같은
모의 면접 체크리스트 3가지

앞에서 모의 면접 시뮬레이션 방법을 설명하였습니다. 이번에는 모의 면접 시 준비해야 할 것과 피드백을 하면서 체크해야 할 것들에 대해 알아보겠습니다. 모의 면접을 진행하면서 친구들에게 여러 가지 피드백을 받겠지만, 객관적으로 자신의 모습을 보며 분석할 수 있다면 확실히 실력 향상에 도움이 됩니다. 따라서 모의 면접 시 자신의 전신을 정면에서 동영상으로 촬영할 수 있도록 면접관의 책상에 카메라를 두고 진행합니다. 최근에는 휴대폰 카메라도 화질이 좋으니 휴대폰을 사용해도 괜찮습니다.

준비물: 자신의 모습을 찍을 수 있는 카메라.
사전 준비: 앉아 있는 나의 모습을 카메라가 모두 담을 수 있

도록 모의 면접 시에 면접관 책상에 카메라를 두고 모의 면접 과정 전체를 촬영.

이제 세팅이 끝났으니 모의 면접을 시작하고 자신이 진짜 면접장에 들어간 것처럼 행동하고, 면접관의 질문에 답변합니다. 그 이후 촬영된 동영상을 보면서 자신의 잘못된 점을 체크합니다. 이때 체크할 사항은 다음과 같습니다.

표정, 시선

가장 먼저 체크할 것은 입학사정관을 대하는 자신의 표정, 시선 등 면접관을 바라보는 자신의 상태입니다.

- 나의 시선은 면접관을 바라보고 있는가? 면접관과 눈을 계속 마주치려고 노력하는가?
- 면접관을 보면서 미소 짓고 있는가?
- 면접관이 곤란한 질문을 했을 때 실례가 될 정도로 찡그린 표정을 짓지는 않았는가?
- 답변할 때 면접관을 바라보면서 이야기하려고 노력하는가?
- 면접관이 질문할 때 면접관을 바라보고 있는가? 관심 있게

듣고 있는가?

− 면접관을 바라보는 표정은 어떠한가?

말투, 행동 및 자세

면접에서 학생의 모습은 그 학생의 첫인상을 결정합니다. 여기서 모습이란 겉모습뿐만 아니라 학생이 면접관의 질문에 답변하는 태도, 자세 등 면접에서 보여주는 하나하나의 행동 모두를 말합니다.

:: 목소리, 말투

− 말끝을 흐리지는 않았는가?

− 내 목소리가 면접관이 알아들을 수 있을 정도로 적당히 들리는가?

− 발음을 불분명하게 하지는 않는가?

− 말투에서 예의가 느껴지는가? 건방져 보이지는 않는가?

− '∼다'라고 끝나는 것이 아닌 해요체를 쓰지 않는가?

− 목소리, 말투에서 당당함과 자신감이 느껴지는가?

:: 행동 및 자세

- 앉아 있는 자세는 올바른가?
- 무의식적으로 실례되는 행동을 하지는 않았는가? 예) 다리 꼬기, 혓바닥 내밀기 등
- 질문에 답변할 때 손, 몸통의 제스처는 어색하지 않은가?
- 면접을 진행하면서 처음부터 끝까지 일관된 자세를 가지고 있는가?

답변의 내용

앞서 말한 면접에 임하는 자세, 태도, 시선, 눈빛 등 외적인 요소를 만족해도 답변의 내용이 입학사정관을 만족시키지 못한다면 절대로 합격할 수 없습니다.

- 입학사정관의 질문을 제대로 이해하고, 그것에 맞는 답변을 하고 있는가?
- 두괄식으로 답변하고 있는가?
- 답변의 길이가 적당한가?(2분 이하)
- 답변을 외운 것처럼 기계적이지는 않은가?
- 답변의 내용에 주제문이 있는가? 입학사정관이 원하는 답변

인가?

- 자신의 생각을 정리한 뒤 답변하고 있는가?
- 이야기의 방향이 일관되어 있는가? 주제에서 벗어난 이야기를 하고 있지는 않은가?
- 답변의 내용이 자기소개서의 내용과 일치하는가?
- (전공 적합성을 물어보는 질문에서) 자신이 지원하는 전공에 대해 알고 있는 것이 풍부한가?
- (전공 적합성을 물어보는 질문에서) 자신이 지원하고자 하는 학교의 특징, 인재상, 학생들을 위한 프로그램 등 다른 학교와의 차별점들에 대해 잘 알고 있는가?
- 첫 번째 질문인 자기소개, 마지막 질문인 마지막으로 하고 싶은 말에 대한 답변을 준비하였는가?
- (독서 질문) 자신이 읽은 책의 줄거리, 교훈 등을 기억하고 있는가?
- (독서 질문) 그 책을 읽은 후 자신의 느낀 점을 자신 있게 말하고 있는가?

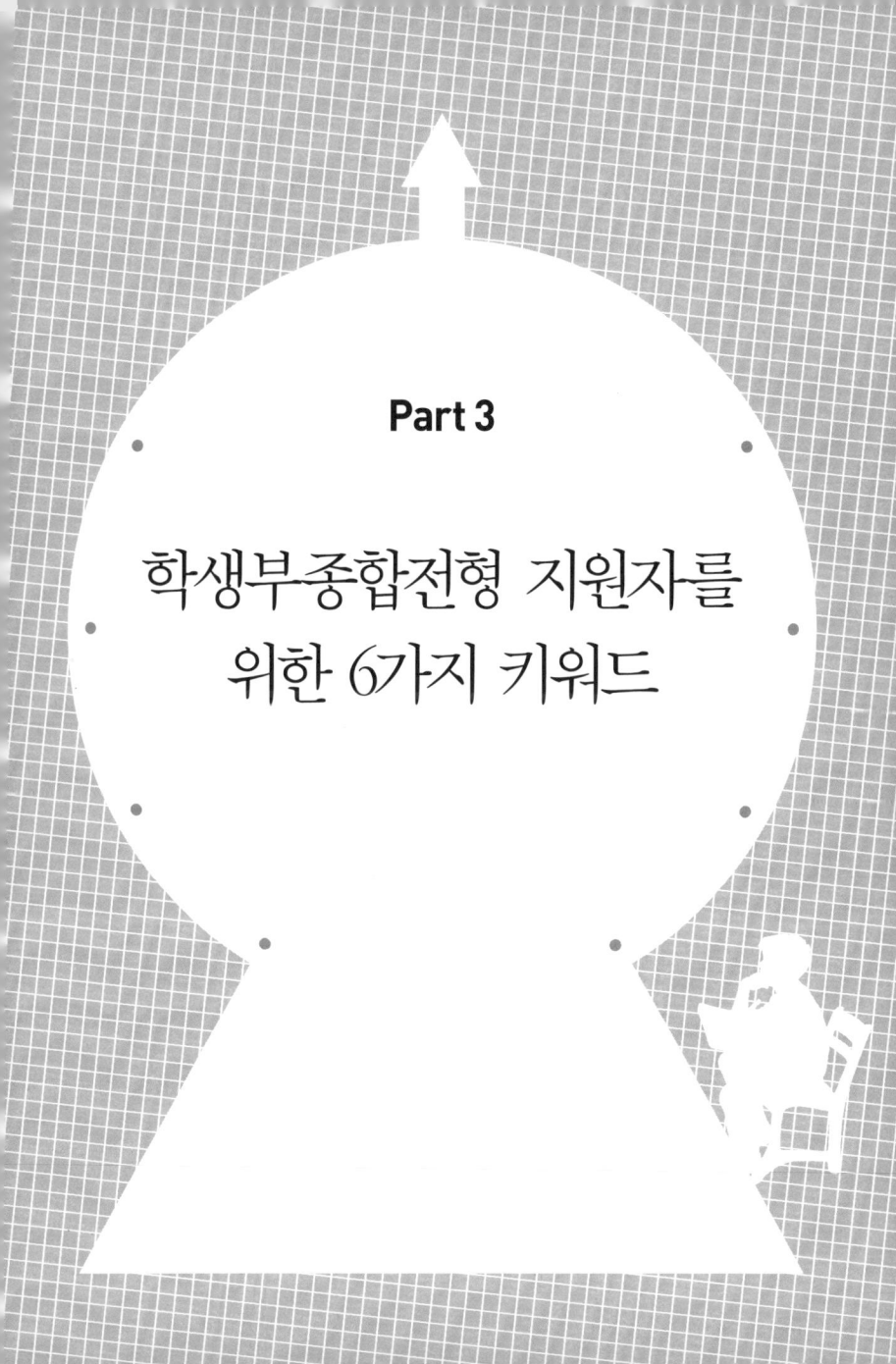

Part 3

학생부종합전형 지원자를
위한 6가지 키워드

01
대입 면접의 결정판, 학생부종합전형

2015학년도 이후의 대입전형에서 가장 큰 특징 중 하나는 학생생활기록부를 활용하여 학생을 평가한다는 것입니다. 일명 '학생부, 또는 생기부'라고 불리는 학생생활기록부는 학생의 교과성적뿐만 아니라 비교과, 인성, 독서 등 다양한 활동을 종합적으로 기록한 문서입니다. 학생부종합전형에서는 이 학생생활기록부를 이용하여 입학사정관이 해당 학생을 평가하게 됩니다.

학생부종합전형의 절차와 심층 면접

학생부종합전형은 다음과 같이 구성되어 있습니다.

교과 관련 요소	교과성적, 학년별 성적 추이, 학업 관련 탐구활동, 교과 관련 교내 수상실적, 방과후학교활동 등
창의적체험활동	독서활동, 자격증 및 인증, 진로탐색, 체험활동, 동아리활동, 봉사활동, 방과후학교활동 등
학교생활 충실도, 인·적성	공동체 의식, 리더십, 학업의지, 특별활동, 출결상황, 교사의 평가, 교우관계
학습 환경	가정환경, 학교 여건, 지역의 교육 여건, 학업수행의 장애극복 등

출처 : 입학사정관제 운영 공통기준(2010, 대교협)

　대학은 서류 평가를 통해 지원자의 1차 합격과 불합격을 결정합니다. 서류 평가 과정에서는 우선 지원 자격에 맞게 지원하였는지를 확인합니다. 그 이후 학생이 제출한 학생부, 자기소개서, 교사추천서, 증빙자료 등을 기반으로 이 학생이 학교에 맞는 인재상을 가지고 있는지를 평가합니다. 이때 평가기준은 학업의지, 전공 적합성, 창의성, 인성, 학업성취도, 성장잠재력 및 발전가능성 등이 있습니다. 따라서 1차 평가에서는 학생생활기록부라는 재료를 가지고 자기소개서, 교사추천서에 위의 기준을 만족시킬 내용들을 채워 넣는 것이 가장 중요한 작업입니다. 이렇게 서류 평가에서 합격한 사람들을 대상으로 최종평가인 면접을 보게 됩니다.

학생부종합전형에서 면접을 보는 이유

어떤 사람에 대해 알고 싶은데 가장 좋은 방법은 무엇일까요? 그것은 바로 직접 만나보는 것입니다. 직접 만나서 대화를 나눠보면서 이 사람은 내 생각과 어떻게 다른지, 비슷한 부분은 무엇인지 등을 정확하게 파악할 수 있습니다. 대학에서 학생을 선발할 때도 마찬가지입니다. 1차 평가 시 제출하는 서류인 학생부, 자기소개서, 교사추천서를 보고도 학생이 어떠한 노력을 했는지는 잘 알 수 있습니다. 학생을 직접 만나서 듣는 것보다 오히려 학생부를 자세히 살펴보는 쪽이 이 학생이 어떤 과목을 잘하는지, 어떤 전공에 관심이 있는지, 이 학교에 왜 지원했는지 등을 잘 알 수 있을 겁니다. 하지만 면접을 따로 보는 것은 제출한 서류들의 사실 여부를 제대로 확인하고, 서류들을 토대로 질문을 만들어 학생의 학업의지, 전공 적합성, 창의성, 인성, 학업성취도, 성장잠재력 및 발전가능성을 보다 정확하게 평가하고자 하기 때문입니다.

1차 서류 평가 시, 입학사정관은 지원한 학생의 3가지 서류를 종합적으로 살펴보기 위해 몇 번이고 반복해서 읽고, 학생에 대한 모든 정보를 파악한 후 평가합니다. 따라서 면접에서는 오히려 입학사정관이 학생 본인보다 학교생활을 어떻게 했는지 더 잘 알고 있는 상태라고 봐도 될 정도입니다. 면접에서는 서류의 '사실 여부'를 확인하고, 3가지 서류에 담겨 있지 않은 좀 더 심층적인 질문을 하게 됩니다. 예를 들어, 학생이 자기소개서의 교내활동을 물어보는 2번 문항에 수학경시대회에 참가했다는 내용이 있다면 대회에 참가한 이유, 그 대회에서 수상하기 위해 노력한 과정, 결과, 또한 과정이나 결과에서 배우고 느낀 점이 무엇인지를 질문할 수 있습니다. 즉, 학생부종합전형에서의 면접은 서류에 기재된 학생의 활동 여부뿐 아니라 그 활동으로부터 학생이 어떻게 변화되고 무엇을 느꼈는지를 알고 싶어 하는 과정이라고 할 수 있습니다. 이러한 느낀 점 등을 통해 학생의 인성 및 가치관, 교내활동에 대한 열정, 지원하고자 하는 전공에 대한 관심을 종합적으로 파악할 수 있습니다.

학생부종합전형 면접은 어떻게 다른가?

학생부종합전형의 면접에서는 심층 면접 방식을 차용합니다. 여기서 심층 면접이란 무엇인지, 다른 면접 방식들과 어떻게 다른지를 확실히 알아야 합니다. '심층 면접'이란 평가자와 지원자가 면대면으로 질문과 답변을 하는 것입니다. 이때 질문은 학업능력이 아닌 지원자의 총체적인 특성들을 평가하는 내용으로 구성됩니다. 좀 더 구체적으로 말하면 이 학생이 얼마나 공부를 잘하는지가 아니라 이 학생이 우리 대학교에 들어와서 학습할 수 있는 능력이 있는지 평가하기 위한 면접 방법입니다. 이와 대비되는 다른 면접 방식으로 '구술 면접'이 있습니다. 구술 면접은 학생에게 교과를 중심으로 한 어려운 제시문, 문제를 출제하고 이를 풀게 한 뒤 면접관 앞에서 구술로 답변하게 하는 방식이며, 그 문제를 풀 수 있는지 또는 그 문제를 풀지는 못하였으나 학생이 어떤 것을 알고 있는지를 중심으로 해당 학생을 평가합니다. 이 방식은 학생부종합전형에서는 시행되지 않고, 일반전형, 특기자전형 등 각 대학에서 따로 전형을 만들어 학생을 모집할 때 사용합니다.

심층 면접	지원자가 제출한 학교생활기록부, 자기소개서, 교사추천서 등을 바탕으로 지원자의 전공 적합성, 인성과 성장잠재력을 종합적으로 평가.
구술 면접	학생에게 교과중심 문제풀이형 지문을 제시하고 이를 풀게 한 후 면접고사장에 들어가서 구술로 답변하게 하는 방식. 풀이 결과가 평가에 중요하게 반영.

출처: 입학사정관제 100문 100답

02

학생부종합전형 면접에 대한 오해와 진실

면접을 앞둔 수험생들은 여기저기서 들리는 풍문에 흔들리기 쉽습니다. 이번에는 학생부종합전형 면접에 대해 흔히 가지고 있는 오해와 진실이 무엇인지 살펴보겠습니다.

학생부종합전형의 면접은 인성 면접이다?

"학생부종합전형에서의 면접은 지원자의 인성만을 파악하기 위한 간단한 질문들뿐이고, 수상실적, 성적 등을 통해 1차에서 이미 합격자가 정해져 있다."라고 말하는 사람들이 있습니다. 결론부터 말하면 사실과 다릅니다. '인성만'이 아니라 학생의 인성 및 가치관, 학업에 대한 열정, 전공에 대한 관심 등을 종합적으로 평가하기 때문에 다양한 질문이 나올 수 있습니다. 만약 지원자가 자기소개서에서 전공에 대한 관심을 드러내지 않았다거나 그 이유가 다른 사람들과 차별화되지 않았다면 면접에서 이에 관한 심화된 질문을 할 수 있습니다. 왜 이 전공을 지원하는지 또는 학생부의 어떤 활동이 본 전공을 지원하게 만들었는지, 그 활동에서의 느낀 점은 무엇인지를 직접적으로 묻게 됩니다. 비슷한 맥락으로 만약 자기소개서에 교내활동에 대한 정보가 부족하다면 면접에서는 교내활동에 대한 질문들이 주를 이룰 것입니다. 따라서 학생부종합전형의 면접이 온전히 인성만을 평가하는 면접이라는 것은 잘못된 정보입니다.

학생부종합전형의 면접은 형식용이다?

또 "1차 서류 평가를 통해 면접 전 합격자가 이미 정해져 있다."라는 오해도 있습니다. 교내 수상실적, 성적 등을 정량적으로 평가해 높은 순서대로 잘라 합격자를 미리 정한다는 것입니다. 그러나 현재 학생부종합전형이 중심이 된 대입 상황을 보면 1차 평가에서 굉장히 높은 점수를 받은 학생을 찾기 힘듭니다. 학생부종합전형의 가장 큰 목표는 성적이 높은 학생을 선발하는 것이 아니라 전공 적합성, 열정 등을 기준으로 학생을 종합적으로 평가하는 것입니다. 따라서 면접 평가까지도 학생을 종합적으로 평가하는 데 사용됩니다.

물론 교과성적이 굉장히 뛰어나고, 전공에 대한 관심, 학업에 대한 열정 모두를 자기소개서에 잘 표현했다면, 1차 서류 평가에서 다른 학생들보다 조금 더 좋은 점수를 받을 수는 있습니다. 하지만 이것이 그대로 합격을 의미하는 것은 아닙니다. 기본적으로 현재 학생생활기록부에는 교내활동 외에 공인영어 성적, 경시대회 성적 등은 기재할 수 없습니다. 따라서 학생의 학업능력은 학생의 교과 내신성적을 기본으로 평가하게 됩니다. 하지만 이 내신성적은 학생의 발전가능성, 노력에 대한 증거로 사용되지 절대적인 기준은 아닙니다. A 학교의 A 학생이 B 학교의 B 학생보다 더 높은 성적과 내신등급을 받았다고 해서 A 학생이 B 학생보다 더 높은 점수를 받는 것이 아니라는 말입니다. 기본적으로 내신성적은 서로 다른 학교에서 학교마다 다른 난이도로 낸 성적이므로 절대적인 평가기준이 될 수 없습니다. 이렇듯 서류 평가만으로는 학생에 대한 종합적 평가를 할 수 없으니 면접 평가를 시행하게 된 것입니다.

학생부종합전형 면접에서는 교과 지식을 물어보지 않는다?

학생부종합전형의 면접에서는 학생생활기록부, 자기소개서, 교사추천서에 기록되어 있지 않은, 하지만 지원자의 자질을 평가할 수 있는 내용에 대해 지원자에게 궁금한 점을 물어봅니다. 3가지 자료에 작성 가능한 활동은 교내활동뿐이므로 모든 질문은 교내활동에 관한 내용입니다.

많은 사람들이 이것을 잘못 해석하여 교과 지식을 물어보지 않는다고 착각하곤 합니다. 그렇지 않은 면접도 있지만 학생생활기록부에 기록이 미흡하거나, 학생의 자기소개서에서 전공에 대한 관심이 드러나지 않거나, 학업능력이 의심된다면 해당 교과목에서 배운 지식을 물어보는 경우도 있습니다. 예를 들어, 항공학과를 지원하는 사람이 면접에서 물리 동아리에서 했던 항공 실험에 대한 질문을 받는 경우가 있습니다. 자신의 동아리활동을 설명하는 과정에서 항공기의 운행 원리, 그 원리의 자세한 내용을 물어볼 수 있습니다. 문과의 경우도 마찬가지입니다. 정치학과에 지원하는 학생에게 현재 벌어지고 있는 사건에 대한 자신의 평가나, 그것에 관련된 지식을 물어볼 수도 있습니다.

학생부종합전형의 평가기준이 성적이 아니라고 해서 교과 지식을 모른 채로 면접에 들어가도 된다는 뜻은 아닙니다. 오히려 자기소개서, 학생생활기록부에 기재된 모든 활동에 관련된 교과 내용은 모두 알고 들어가야 합니다. 자신이 참여한 활동이 교과에 관련된 활동이라면, 구체적으로 뭘 했는지, 그것이 어떤 과목의 어떤 내용과 연관되어 있는지 등을 알아야 합니다. 그리고 그 내용을 자신의 언어로 자연스럽게 말할 수 있어야 합니다.

또 자신의 활동과 관련된 교과 지식이 아니더라도 기본적인 교과 지식은 이야기할 수 있을 정도로 익혀 놓아야 합니다. 예를 들어, 자기소개서에서 자신의 학업에 기울인 노력을 설명하는 과정에서 수학 공부에 대한 질문이 들어왔다고 가정합시다. 이 과정에서 면접관은 수학 과목에서 자신 있는 부분이 무엇인지, 그 부분의 가장 중요한 개념을 물어볼 수 있습니다. '극댓값, 극솟값의 정의는 무엇인가?' 같은 질문에 자신 있게 대답할 수 있는 학생이 많지는 않을 것입니다. 제출한 서류에서 학업능력에 대한 의심을 받게 된다면 제출한 서류와 관련이 없더라도 기본적인 교과 지식을 물어볼 수도 있습니다. 따라서 학생부, 자기소개서에 기재된 활동에 대한 교과 지식뿐 아니라 기본적인 개념을 물어볼 수도 있다는 것을 항상 염두에 두고 준비합니다.

03

학생부종합전형의 핵심 키워드 4가지
: 리더십, 자기주도학습, 전공 적합성, 인성

학생부종합전형의 핵심 키워드는 '리더십, 자기주도학습, 전 공 적합성, 인성'입니다. 이 핵심 키워드들은 면접뿐만 아니라 자 기소개서를 작성할 때에도 중요한 요소들입니다. 사실 수시 1차 에 합격한 학생들의 자기소개서에는 4가지 핵심 키워드가 적절 하게 담겨 있습니다. 대부분의 수험생들이 핵심 키워드에 관련된 경험 및 배우고 느낀 점이 엇비슷하다는 뜻이기도 합니다. 따라 서 면접에서는 자기소개서에 다 담지 못했던 부분들을 구체적으 로 설명하여 다른 지원자들보다 돋보이도록 해야 합니다.

리더십

리더십이란 남을 이끌 수 있는 능력을 말합니다. 리더십 항목에서 좋은 평가를 받으려면 학교에서 반장, 전교회장 등 임원을 한 경험이 있어야 한다는 말을 들어본 적이 있을 것입니다. 물론 있으면 좋습니다. 하지만 자신이 리더십을 발휘하여 주체적으로 진행한 활동이 있어야 그 효과를 발휘합니다.

어느 집단을 가든 주체적으로 다른 사람들을 설득하여 행동을 이끄는 사람이 꼭 있습니다. 그리고 남을 이끄는 사람은 아니더라도 어떤 일을 진행시키기 위해 남의 말을 잘 들어주고 의견을 조율하는 사람도 있습니다. 꼭 반장으로서 한 것이 아니더라도 여러 사람의 의견을 조율하여 일을 진행한 경험이 있다면 그것이 바로 리더십을 발휘한 경험이 될 수 있습니다. 작게는 두 친구의 의견 다툼을 조율한 것부터, 크게는 단체 행사에서 여러 사람의 의견을 수합하여 활동한 것까지 리더십의 형태는 여러 가지입니다.

면접에서 리더십을 드러내려면 우선 자신이 다른 사람의 의견을 조율한 경험이 있는지를 생각해봐야 합니다. 간단한 활동이라도 그러한 경험이 있다면 자신이 어떻게 그 행동을 하게 되었는지를 생각해봅니다. 더 중요한 것은 그 경험 이후 자신의 생각이나 태도가 어떻게 변화되었는지 살펴보는 것입니다. 다른 사람을 이끄는 리더십이 자신에게는 어떤 의미를 가지는지, 그 리더십을 가지고 앞으로 대학을 진학하고, 졸업한 뒤에 어떤 사람이 될 것인지를 면접에서 어필하는 것이 자신의 리더십을 드러내는 가장 좋은 방법입니다.

자기주도학습

자기주도학습은 대학의 인재상에 맞는 사람이 되기 위해 어떤 공부를 얼마나 열정을 가지고 하였는지를 평가하는 키워드입니다. 현재 많은 대학이 원하는 인재는 자신의 전공에 대한 열정을 가지고 스스로 노력하는 사람입니다. 따라서 학생생활기록부뿐만 아니라 자기소개서를 통해 자신의 열정을 보여줘야 합니다. 이를 잘 보여줄 수 있는 자기소개서의 문항이 바로 1번 문항인 '학업에 기울인 노력과 그를 통해 배우고 느낀 점', 2번 문항 '의미를 두고 한 교내활동과 그를 통해 배우고 느낀 점'에서 학업 관련 내용을 적는 것입니다.

자기소개서를 기반으로 한 면접에서도 자기주도학습은 항상 강조됩니다. 만약 자기소개서의 위 문항들에서 자신이 어떻게 공부했는지에 대해 충분히 설명하지 못했다면 면접에서 그 부분에 대해 보충 설명을 요구할 수도 있습니다. 이 과정에서 자신이 학습한 내용에 대해 간단한 교과 지식을 물어보는 질문이 나올 수도 있습니다. 따라서 학생생활기록부에서 전공과 관련이 있다고 보이는 학업활동에 대해서는 자세히 설명할 수 있을 정도로 준비해야 합니다.

전공 적합성

전공 적합성이란 지원자가 학교, 학과에 맞는 인재인지 판단하는 기준이 되는 키워드입니다. 지원자가 전공 적합성을 갖추고 있는지를 판단하는 첫 번째 기준은 학생생활기록부에 기재된 활동입니다. 이 활동들을 하고 어떤 것을 배우고, 왜 이 학과에 지원하게 되었는지 등을 제출 서류에서 드러낼 수 있어야 합니다. 따라서 자기소개서에는 학교, 학과에 지원하는 동기가 꼭 포함되어야 합니다.

서류에서 학과에 대한 관심, 지원 동기를 드러냈다면 면접에서는 조금 더 구체적으로 자신의 열정을 표현할 차례입니다. 만약 기계공학과를 진학하고자 하는 이유로 '기계에 관심이 있어서'라고만 표현한다면 입학하고자 하는 열정을 충분히 보여주지 못할 것입니다. 어떻게 기계공학에 관심을 가지게 되었는지, 기계

공학의 여러 분야 중 구체적으로 어떤 분야에 관심이 있는지 등이 드러나야 합니다. 이런 식으로 지원 동기를 그저 학과에 대한 단순한 '관심'이 아니라 그 학과에 입학하고자 하는 자신의 열정까지 보여주는 것이 자신의 전공 적합성을 드러내는 좋은 방법입니다.

인성

대학에서 학생을 뽑기 위해 평가하는 것들 중 전공 적합성만큼 큰 비중을 차지하는 것이 바로 인성입니다. 말 그대로 사람의 됨됨이를 보는 것입니다. 우리가 사는 세상은 다른 사람들과 더불어 살아가는 공동체 세상입니다. 대학도 마찬가지로 출신, 성격, 전공과목 등 각기 다른 특징을 가진 사람들이 더불어 공부하는 공동체 사회입니다. 타인과 살아가는 사회에서 가장 중요한 자질은 다른 사람들과 협력하며 살아갈 수 있는 자질입니다. 아무리 성적이 좋아도, 아무리 많은 활동들을 하였더라도 학생생활기록부의 '행동특성 및 종합의견' 란에 인성에 문제가 있어 보이는 문구가 있다거나, 면접에서 거짓말을 하는 등의 행동을 보인다면 학업성적, 활동 정도에 상관없이 인성 때문에 탈락하는 경우도 있습니다.

또한 기본적으로 대학은 학업에 정진하기 위해 모인 사람들의 공간입니다. 대학에서 공부를 하는 데 있어 학생에게 요구되는 것들 중 가장 중요한 가치는 바로 성실함입니다. 이 성실함은 자신의 목표를 위해 정진하는 대학교에서 꼭 필요한 자질이며, 대학교는 학생이 성실하게 공부하기를 바랍니다. 성실함이라는 가치는 자신에게 솔직하고 정직하게 행동하는 좋은 '인성'이 뒷받침되지 않으면 발휘되기 힘든 가치관입니다. 따라서 자기소개서, 학생생활기록부에 자신의 성품을 성실하게 표현하고 면접에서 솔직하게 답변하는 모습을 꼭 보여주어야 합니다.

04

면접관은 지난 3년 동안 네가 한 일을 알고 있다

대학입시 1단계 서류 평가가 끝나면 보통 2, 3배수의 학생을 면접 대상자로 선발합니다. 이렇게 1차 선발을 완료한 뒤 입학사정관은 면접 대상자인 학생의 자기소개서를 다시 몇 번이고 반복해서 읽어봅니다. 이 학생이 어떤 학생인지 다시 한 번 파악하고, 면접에서 입학사정관이 원하는 답변을 하는지 평가기준을 마련하기 위해서입니다. 이 과정을 거치고 나면 입학사정관은 지원자가 어떤 학생인지 완벽히 파악할 수 있게 됩니다.

그런데 이 파악이란 것이 학생이 어떤 것을 좋아하고, 어떤 취미를 가지고 있는지 등이 아니라 제출한 서류에 나와 있는 학생의 모습만을 완벽히 파악하는 것일 뿐입니다. 학생생활기록부를 통해서는 이 학생이 어떤 활동을 하였는지, 성적은 어떻게 변화하였는지 그리고 어떤 봉사활동을 하였는지 등 학생이 고등학교 생활을 하면서 '무엇을' 했는지를 파악합니다. 자기소개서를 통해서는 이 활동들을 '왜, 어떻게' 했는지를 파악합니다. 따라서 면접관들은 지원자가 제출한 서류를 통해 그 학생의 고등학교 생활이 어떻게 진행되어 왔는지를 모두 머릿속에 그린 상태에서 면접에 임하게 됩니다.

이때 주의할 점은 입학사정관은 학생생활기록부까지 꼼꼼히 읽어보고 온다는 것입니다. 자기소개서의 경우 지원자가 오래 고민하고 작성한 문서이기 때문에 모든 내용을 잘 기억하고 있지만, 간혹 학생생활기록부를 읽어보지 않아 낭패를 보는 경우가 있습니다. 예를 들어 면접관이 학생생활기록부의 어떤 기록에 대해 물었을 때 답변하지 못한다면 학생생활기록부, 자기소개서의 진정성을 의심받아 불합격될 수도 있습니다.

학생생활기록부에 적힌 활동을 '어떻게' 하였는지를 기술한 자기소개서는 전체적인 면접의 방향을 결정하게 됩니다. 자기소개서는 주로 활동에 대한 자세한 내용과 그 활동을 한 뒤에 느낀 점으로 구성되어 있습니다. 이때의 느낀 점은 각 학교의 인재상을 엿볼 수 있는 것이어야 합니다. 만약 자기소개서에 적힌 느낀 점이 면접관이 확인해야 할 인재상을 모두 만족시키지 못한다면 그 인재상에 대해 면접에서 학생에게 질문이 들어갈 수 있습니다. 예를 들어, 학생이 해당 분야에 큰 관심을 가지고 있고 그 전공과 관련된 활동을 많이 했다면 학생의 전공 적합성을 높게 평가할 수 있습니다. 그런데 만약 전공과 관련된 수학, 과학 등의 과목의 성적이 좋지 않다면 전공 적합성은 높지만 학업능력을 의심받아 면접에서 교과 지식에 관련된 질문을 받을 수 있습니다.

자기소개서를 쓸 때 많은 학생들이 소홀하게 처리하는 부분이 바로 지원 동기입니다. 자기소개서의 1번 문항은 '학업에 기울인 노력', 2번 문항은 '의미를 두고 활동한 교내활동', 3번 문항은 '배려, 나눔, 협력, 갈등 관리'에 대한 내용으로 구성되어 있고, 각각 기술해야 합니다. 많은 학생들이 이 3개의 문항에 걸쳐 자신을 어떻게 하면 더 돋보이게 할 수 있을지에 대한 고민만 하다가 정작 중요한 지원 동기를 빠뜨리곤 하니 주의해야 합니다. 자기소개서는 면접의 전체적인 방향을 결정하기 때문에, 자기소개서를 찬찬히 읽어본 뒤 자신에게 부족한 부분이 무엇인지 파악하는 것이 학생부종합전형 면접 준비의 첫 시작입니다.

05
자기소개서와 학생생활기록부,
두 마리 토끼를 잡아라

학생들이 면접에 대해 걱정하는 것 중 하나는 '어떤 질문이 나올 것인가'입니다. 어떤 질문이 나올 것인지에 대한 정보가 전혀 없는 사람보다 어느 정도 예상할 수 있는 사람이 당연히 유리할 것입니다. 다행히도 자기소개서와 학생생활기록부를 통해 면접 예상 질문을 추려낼 수 있습니다. 중요한 것은 자기소개서와 학생생활기록부를 '모두' 잡아야 한다는 것입니다. 자기소개서에서 예상할 수 있는 종류의 질문과 학생생활기록부에서 예상할 수 있는 종류의 질문이 다르기 때문입니다.

자기소개서 분석

면접 예상 질문을 뽑기 위해 가장 먼저 할 일은 자기소개서를 살펴보는 것입니다. 자기소개서를 정리한 후 학교에서 원하는 인재상과 비교하여 어떤 부분이 부족한지를 알아보는 과정이 필요합니다. 우선 자기소개서에 적은 활동과 느낀 점, 그리고 인재상을 다음과 같이 표로 정리합니다.

활동	느낀 점	인재상
과학 동아리활동	최고가 되고 싶다는 생각	열정적 인재
반복학습	철저한 학습의 중요성	전공 적합성
...	...	...

위와 같이 정리한 뒤 대학교에서 원하는 인재상과 비교합니다. 자기소개서 전반에 골고루 분포되어 있다면 다행이지만, 특정한 인재상을 드러내는 소재가 2개 이하이거나 언급되지 않은 인재상이 있다면 면접에서 반드시라고 할 정도로 인재상에 대한 관련 질문이 나올 수 있습니다.

표로 정리하여 모든 인재상을 자기소개서에 담았다고 하더라도, 활동과 느낀 점이 매끄럽게 연결되지 못할 수도 있습니다. 자기소개서의 해당 부분을 자세하게 읽어보면서 말하고자 하는 느낀 점과 활동의 내용이 정확히 연결되는지 살펴봅니다. 이때 주의할 점은 일반적인 이야기로만 답변을 구성하면 면접에서 재차 질문이 들어올 수 있다는 것입니다. 예를 들어, 오답노트를 작성하는 습관을 길러 성적을 크게 향상시켰고, 학습을 스스로 하는 습관을 길렀다는 활동을 통해 느낀 점을 기술하는 상황이라고 합시다. 이때 단순히 "철저한 학습의 중요성을 느꼈다."라고 대답한다면, '왜' 중요하다고 느꼈는지 반드시 질문이 다시 들어옵니다. 따라서 시간 낭비를 줄이기 위해 처음부터 "반복만이 나의 실수를 줄이고, 시간이 부족한 상황에서 침착하게 문제를 풀 수 있는 능력을 키울 수 있는 방법이었다."처럼 구체적으로 답변을 구성한다면 부족한 느낀 점을 만회할 수 있습니다.

인재상 이외에도 자기소개서에서 뽑아낼 질문거리가 더 있습니다. 바로 활동에 대한 핵심적인 설명입니다. 2번 문항에서 과학 동아리에서 한 아스피린 실험에 대한 내용을 적었다면, 느낀 점에 대해 질문할 수도 있지만 실험은 어떤 과정으로 진행이 되었는지, 아스피린 실험을 하면서 알아야 할 화학 교과 지식은 무엇인지 등 자세한 실험 내용에 대해 물을 수도 있습니다. 따라서 활동과 관련된 교과 지식에 대한 답변을 준비해야 합니다.

교내활동을 물어보는 2번 문항이 아니라 1번 문항에서도 위와 같은 질문이 나올 수 있습니다. 많은 학생들이 1번 문항에서 자신만의 공부 방법을 소재로 선택하여 자기소개서를 작성합니다. 그렇다면 자연스럽게 면접관은 그 공부 방법을 사용하여 어떤 공부를 하였는가에 관심을 가지고 질문하게 됩니다. 어떤 과목을 집중적으로 공부하였고, 그 과정에서 어떤 방법을 사용하였는지, 왜 그 방법을 사용하는 것이 공부가 잘 되었는지를 설명할 수 있어야 합니다. 공부가 잘 되었다면 그것으로 인해 얻은 지식도 면접에서 평가할 수 있는 것입니다.

학생생활기록부 분석

자기소개서 분석을 마쳤다면 면접의 큰 흐름을 이끌어갈 질문들에 대해서는 어느 정도 준비를 마친 상태라고 볼 수 있습니다. 하지만 더 완벽한 준비를 위해 학생생활기록부를 보고 가는 작업도 꼭 필요합니다. 우선 학생부에서 중요한 활동이지만 자기소개서에 언급하지 않은 소재를 찾아봅니다. 그리고 이 소재가 인재상 중 하나와 관련되어 있는지 살펴봅니다.

인재상과 학과에 직접적으로 연결되어 있는 소재인데 자기소개서에 적혀 있지 않다면 면접관의 질문이 들어올 수 있습니다. 이때 이 소재에 대해 확실하게 답변하지 못한다면 학생의 진정성을 의심받게 되어 크게 감점을 받을 수 있습니다. 따라서 학생부에 기록한 중요한 활동 등이 자신이 지원한 학과와 어떻게 연결되는지, 그리고 그 활동에서 구체적으로 무엇을 하였는지에 대한 답변을 준비해 간다면 더 침착하게 대처할 수 있을 것입니다.

진정성을 더욱 높이기 위해 꼭 준비해야 할 것이 학생생활기록부에 어떤 내용이 기록되어 있는지를 알고 면접을 준비하는 것입니다. 많은 학생들이 직접 학생생활기록부를 작성하는 것이 아니다 보니 철저하게 읽지 않고 면접을 준비합니다. 하지만 앞서 말했듯이 학생부에 있는 내용을 면접관이 물어보았을 때 모른다고 답변하면 합격과 불합격을 결정할 정도의 감점을 받게 됩니다. 따라서 학생부에 나와 있는 모든 활동에 무엇을 했는지, 그리고 그 활동의 결과물은 무엇인지를 머릿속에 완벽히 입력하고 면접장에 들어가야 합니다.

그중에서도 신경 써야 할 부분이 독서기록입니다. 많은 학생들이 독서지원시스템을 통해 독서기록 상황에 많은 내용을 채워 넣지만, 읽은 지 오래되었거나 대충 읽어서 기억을 못하는 경우가 많습니다. 면접 전에 해당 책을 대강 훑어보고 어떤 내용이었는지 다시 한 번 살펴본 후 그 책이 자신에게 어떤 도움이 되었는지를 정리하고 가는 것이 좋습니다.

자기소개서에는 없지만 학생생활기록부를 통해 볼 수 있는 항목이 또 하나 있습니다. 바로 '성적'입니다. 면접에서 성적 변화에 대해 질문을 받을 수 있습니다. 예를 들어 전공에 관련된 주요 과목의 성적은 높은데 나머지 과목의 성적이 낮은 학생이라면 면접관은 기회주의적인 사람이라고 판단할 수 있습니다. 중요한 것만 챙기고 중요하게 보이지 않는 과목은 소홀히 하는 사람으로 비칠 수 있는 것이죠. 따라서 이러한 상황에 대비하여 성적 분포에 대한 답변을 준비해야 합니다.

좋지 않아 보이는 성적 분포뿐만 아니라 좋아 보이는 분포에 대해서도 질문이 들어올 수 있습니다. 예를 들어 수학, 영어 등 주요 과목의 성적이 시간이 지나면서 향상되었다면 이 경우에 관해서도 질문할 것입니다. 성적을 올린 비결 또는 성적을 올리는 과정에서 썼던 방법 등을 1번 문항의 답변과 연계하여 답변한다면 더 매력적인 답변이 될 수 있습니다.

06

세상에 하나뿐인 당신만의 필살기를 준비하라

이제 중요한 요소들이 무엇인지 앞에서 다 파악했으니, 다음에 나올 3개의 표를 통해 실제로 정리해보는 시간을 가져봅시다. 긴 자기소개서와 두꺼운 학생생활기록부 속에 숨은 많은 정보들을 한눈에 알기 쉽게 정리함으로써 보다 효과적으로 면접에 대비할 수 있습니다. 면접장에 들어가기 전 손에 땀이 날 정도로 긴장되는 순간, 여러분의 3년을 간단히 요약한 이 표를 필살기로 삼아 면접에 임한다면 분명히 자신감이 생길 것입니다.

지망 학교/학과 분석하기

	학교	학과	설명	인재상	주요 교과	언론 보도	진로
1							
2							
3							
4							
...							

　가장 먼저 해야 할 일은 본인이 지망한 학교와 학과에 대한 자료를 모으는 것입니다. 보통 3가지 방법 정도가 있습니다.

　첫 번째는 대학교의 홈페이지를 활용하는 것입니다. 아직 본인이 지망한 학교와 학과 홈페이지에 한 번도 들어가 보지 않았다면 지금이라도 늦지 않았으니 얼른 들어가 봅시다. 학교와 학과에 대한 설명과 교육의 목표, 이념, 원하는 인재상까지도 자세히 정리되어 있습니다. 구체적으로 무슨 과목을 몇 학년 때 들도록 권장하는지, 필수인지 아닌지까지도 나와 있으니 이왕이면 교과목에 대해서도 이해하고 가는 것이 좋습니다. 직접적으로 대답할 일이 없을 수도 있지만, 본인의 진로 방향이나 학습 계획에 대해 물어볼 가능성도 있기 때문입니다.

두 번째는 언론 보도입니다. 언론 보도에서는 학교가 최근 추구하는 학풍이나 바뀐 교육 시스템 등에 대해 알 수 있습니다. 그만큼 이 학교와 학과에 대한 관심이 많고 진정성 있는 학생이라고 평가받을 가능성이 높습니다. 신문을 따로 오려두거나 링크를 저장하여 여러 번 읽어볼 것을 권합니다.

세 번째는 선배나 지인 등 직접 그 학교나 학과를 경험해본 사람으로부터 듣는 것입니다. 인터넷으로는 확인할 수 없는 실질적인 정보를 물어볼 수 있습니다. 어떤 생각으로 그 학교와 학과를 선택했는지, 그것이 실제로 잘 충족되고 있는지, 직접 다녀보니 수업이나 학내 분위기는 어떤지, 내부에서는 어떤 인재를 강조하는지 등을 알 수 있습니다. 그 사람의 개인적인 경험에 의한 이야기들일 수도 있지만, 실제로 그 공간에서 경험해본 사람의 이야기라는 것만으로도 충분히 의미가 있습니다.

자기소개서 두드려보기

면접관 입장에서 볼 때 자기소개서는 가장 질문하기 좋은 재료입니다. 학생생활기록부는 선생님이 기재하는 것이지만 자기소개서는 본인이 어필하고 싶은 부분을 설명하고 있기 때문이지요. '네가 이렇게 주장했는데, 정말 그럴까?'라는 의문을 가지고 질문할 수 있으니까요. 이때 본인이 어떤 주장을 했는지도 기억하지 못한다면 난감한 상황이 발생할 것입니다. 8월에 작성해서 제출했던 자기소개서가 무슨 내용이었는지 기억나지 않을 시점이 바로 면접을 앞두고 있는 10월, 11월입니다. 따라서 본인의 자기소개서를 꼼꼼히 살펴보는 것이 중요합니다.

문항	소재	인재상	배우고 느낀 점
1번 문항 (1000자)			
2번 문항 (1500자)	1		
	2		
	3		
3번 문항 (1000자)			
4번 문항	1		
	2		

우선 문항별로 어떤 소재를 선택했는지 파악하고 간단하게 요약합니다. 그리고 각 문항별로 내가 부각시키고 싶었던, 해당 대학과 일치하는 인재상이 무엇인지 파악합니다. 혹은 각각의 경험에서 나의 자질과 장점, 능력이 어떻게 드러나고 있는지 확인합니다. 사실 고등학생들이 3년 동안 할 수 있는 경험의 폭이나 깊이는 거의 비슷합니다. 그 사실을 면접관도 당연히 인지하고 있습니다. 따라서 소재의 평범함에 대해 고민할 것이 아니라, 각 경험에서 스스로 무엇을 배우고 느꼈다고 말할 수 있는지를 생각해보아야 합니다. 그 경험을 통해 본인의 가치관이 형성되었다거나 변화되었다면 그 부분을 부각시켜서 답하면 됩니다. 그 깨달음이 대학생활과 어떻게 연결될 수 있을지 이야기할 수 있다면 면접관의 눈에 띄는 답변이 될 가능성이 높습니다.

면접은 "내가 이렇게 괜찮은 사람이니 나를 뽑아주세요."라고 면접관을 설득하는 자리입니다. 구체적인 주장을 한다면 마땅히 그를 뒷받침할 수 있는 근거를 제시해야 설득력이 높아집니다. 따라서 일관성 있는 대답을 하기 위해 노력하고, 본인이 하는 주장(본인의 성격, 자질, 능력 등을 어필하는 것)에 걸맞은 근거(고등학교 시절의 경험)를 제시할 수 있도록 준비해야 할 것입니다.

학생생활기록부 파헤치기

항목	내용 요약		인재상 / 나의 장점	예상 질문 / 배우고 느낀 점
진로지도사항	1			
	2			
	3			
창의적체험 활동상황	1			
	2			
	3			
	4			
	...			
독서활동	1			
	2			
	3			
행동특성 및 종합의견				
성적 추이 (등급)	국어	→ →	성적 변동의 이유	
	영어	→ →		
	수학	→ →		
	탐구	→ →		
	...			

앞서 이야기했듯이 학생생활기록부는 많은 학생들이 면접을 준비할 때 놓치는 부분입니다. 하나하나 항목별로 읽어보고 숙지한 상태에서 면접장에 가야 합니다. 모든 항목에 대해 간단하게 내용을 요약해보고, 그것이 반영된 인재상이 있다면 연결시켜 생각해봅니다. 인재상과 직접적으로 연결되지 않는다면 나의 성향이나 장점과 어떻게 연관 지어 이야기할 수 있을지 구상합니다. 마지막으로 예상 질문에 대한 답변까지 준비했다면 면접장에서 당황하지 않을 수 있을 것입니다.

우선 '진로지도사항'에는 매년 선생님과 상담하면서 진로와 관련해 나눈 이야기가 있습니다. 진로 목표를 살펴보기에 좋은 항목이라 대학교에서도 주의 깊게 봅니다. 만약 그 진로를 결정하게 된 계기를 자기소개서에 잘 설명했다면 좋겠지만, 혹시 그렇지 않다면 질문이 들어올 수 있습니다. 중간에 바뀌게 되었다면 바뀐 이유를 스스로 잘 생각해보고 면접에 임하도록 합니다.

'창의적체험활동상황'에는 아마도 자기소개서에 활용했던 주요 소재가 들어 있을 것입니다. 만약 전공과 관련된 체험활동이 있다면 전공과 이 학생이 얼마나 적합한지 평가하는 기초 자료로 쓰이겠지요. 전공과 관련되지 않은 활동이라고 하더라도 얼마나 자기주도성이 있는지, 다른 학생들과 어떻게 협력하는지, 인성은 어떻고 리더십은 어떻게 발휘하는지 등 그 학생의 다양한 역량을 평가할 수 있으므로 면접관은 이 부분을 유심히 봅니다. 혹시나 기록되어 있는 경험 가운데 기억이 잘 나지 않는 경우가 있을 수 있으므로, 한 번 더 확인하고 당시 경험과 관련된 자료를 살펴보고 가도록 합니다.

'독서활동'은 자기주도학습 능력과 관심 분야, 학문적 소양 등을 종합적으로 평가할 수 있는 훌륭한 항목입니다. 학교에서 주관하는 행사 등 전교생이 공통으로 읽었던 책 같은 경우라면 잘 기억나지 않을 수도 있습니다. 독서활동에 기록되어 있는 책들을 다시 한 번 살펴보고 스스로에게 어떤 의미를 주었는지 메모해두길 바랍니다.

'행동특성 및 종합의견'은 교사추천서와 비슷한 역할을 하며, 타인이 바라보는 나에 대한 정보가 포함되어 있습니다. 내가 미처 생각하지 못했던 나의 장점이나 행동방식이 드러날 수도 있기 때문에 확인해보는 것이 좋습니다.

마지막으로 성적 추이에 대한 질문이 들어올 수 있는데, 자신 있는 과목과 자신 없는 과목 모두 유심히 살펴보기 바랍니다. 성적 향상의 비결과 성적 하락의 원인, 그것이 대학교에서 공부할 때 어떻게 관련될지를 연계해서 생각해보며 답변을 준비합니다. 궁극적으로 면접관이 궁금해하는 것은 '이 학생이 우리 학교에 입학하여 탁월한 학업 능력을 발휘할 수 있을까'입니다. 성적 자체의 등락보다도 이 학습 경험을 통해 본인이 배우고 깨달은 바, 태도의 변화 등은 무엇인지 고민하는 것이 더 도움이 됩니다.

면접의 신이 공개하는
케이스 스토리 TWO

케이스 1. 당황하더라도 빨리 집중하기, 면접의 핵심!

Q1 간단하게 자기소개를 해주세요.

A1. 안녕하세요. 고려대학교 화학과에 15학번으로 입학한 김민기입니다.

Q2 대학입시를 준비할 때 면접 준비를 어떻게 하셨나요?

A2. 사실 저는 면접 준비를 별로 안 했어요. 원래 말하는 것을 두려워하는 편도 아니고, 토론에도 많이 참여해서 말하는 자체는 별문제 없을 것이라고 생각했거든요. 논술을 준비하면 어려운 문제도 많이 푸니까 면접은 그냥 어려운 문제 푼 것을 말하기

만 하면 된다고 생각했어요. 고려대의 경우 문제가 너무 쉬웠는데 나중에 보니 나름의 함정이 있었더라고요. 당황했지만 면접은 결국 얼마나 당당하게 논리적으로 자신을 어필하느냐가 중요한 것 같아요. 학생들 사이의 수준 차이가 크게 나는 것 같지는 않고, 자신 있게 말하는 연습 위주로 하는 것을 추천합니다.

Q3 문제가 쉽다고 생각해 함정에 빠져서 당황했다고 하셨는데, 자세히 얘기해주실 수 있나요?

A3. 고려대학교 면접은 10분간 문제풀이 시간이 주어지고 교수님을 만났어요. 문제는 통계와 관련된 것들이었어요. 그중 표준편차와 분산을 물어보는 문제가 있었는데, 딱 보고 되게 쉽다고 생각해서 더 이상 그 문제를 보지 않고 다른 문제를 풀고 나서 면접에 들어갔었죠. 그런데 제가 쉽다고 생각하고 대충 넘어간 바로 그 문제를 물어보셨어요. 정말 자신 있게 대답했는데, 교수님이 "하지만 모집단위가 다르지 않나?"라고 말씀하시더라고요. 순간 제가 놓친 부분이 있다는 생각에 머릿속이 새하얘졌죠. 그렇게 3초 후 바로 "그럼 다음 질문으로 넘어가지." 하시는 게 아니겠어요? 시간 좀 주시지. 그렇게 그냥 넘어간 질문이 2개 정도 되어서 정말 그대로 떨어지는 줄 알았죠. 다행히 다른 질문들에 대해서는 정신 똑바로 차리고 대답을 잘 해서 합격한 것 같아요.

아, 교수님의 냉정한 넘어가기는 정말 다시는 겪고 싶지 않네요.

Q4 정말 당황스러웠겠어요. 혹시 면접 볼 때 긴장하진 않으셨나요? 어떻게 긴장을 푸셨어요?

A4. 저는 면접을 첫 번째 순서로 봐서 긴장할 시간이 없었어요. 면접장에 도착하자마자 바로 문제를 풀어야 했거든요. 긴장 때문인지 아닌지는 모르겠지만 문제가 잘 안 풀릴 때는 잠깐 호흡을 멈추고 흐름을 정리하려고 했어요. 논리적으로 생각하려고 노력했죠. 문제를 다시 읽어보면서 '이게 의미하는 바는 무엇이고, 난 이걸 알아냈고, 답을 내려면 뭐가 필요하겠구나. 그걸 내가 알 수 있는 방법이 뭘까.' 이렇게 좀 상황을 정리하면서 접근하려고 했죠. 다른 친구들 얘기를 들어보면 긴장 푸는 데는 포도주스가 좋다고 하니 참고해보세요.

케이스 2. 진심을 어필하면 면접의 신이 될 수 있다

Q1 간단하게 자기소개를 해주세요.

A1. 안녕하세요. 서울대학교에 15학번으로 입학한 빙기호입니다. 서울대 사회과학계열(기회균형), 연세대 경제학부(학교활동우수자), 고려대 경제학과(학교장추천)에 지원해서 세 학교 모두 서류전

형과 면접전형을 거쳐 합격했습니다. 물론 다 입학사정관제였고요.

Q2 대입을 위한 면접 준비는 어떻게 하셨나요?

A2. 사실 원래 조리 있게 말하는 것은 자신 있는 편이었습니다. 주변에서 논리적이라는 말도 많이 들었고요. 그러나 말을 잘하는 것과 면접을 잘 보는 것은 다르다는 것을, 학교에서 모의 면접을 하면서 느꼈습니다. 일단 고3 생활 동안 수능 공부에만 집중한 나머지 세상이 어떻게 돌아가는지를 너무 몰랐습니다. 사회과학대학 면접을 봐야 하는 저로서는 어느 정도의 시사상식은 필수적이었는데도 말이죠. 또 자기소개서와 학생생활기록부의 내용을 완벽하게 숙지하지 못하니까, 다 내가 한 활동들이라도 그것과 관련해서 인성 면접 질문이 들어오면 순발력 있는 답변을 하기가 어려웠습니다. 그래서 저는 일단 《생글생글》이라는 고등학생을 위한 경제신문의 2014년도 발행분을 모조리 읽었습니다. 그중에서도 주로 시사경제에 대한 부분을 집중적으로 봤고요. 그리고 자기소개서와 학생생활기록부를 문학작품 분석하듯 꼼꼼하게 봤습니다. 한 문장 한 단어에 집중하면서, 내가 이 활동을 왜 했는지, 무엇을 느꼈는지 스스로 생각해보는 시간을 많이 가졌어요. 사실 수능 끝나고도 11월 내내 놀지 못했는데, 그 정도로 면접 준비를 열심히 했습니다. 면접이 3개나 있었거든요.

Q3 면접 준비를 열심히 하셨는데, 면접을 실제로 보면서 기발한 임기응변을 했던 경험도 있으신가요?

A3. 저는 일단 딱히 임기응변이 필요한 질문이 많지는 않았는데요. 굳이 골라보자면 서울대 면접에서 '만약 당신이 장학금을 받게 되었는데, 다른 친구가 경제적 문제로 공부할 수 없다면, 당신은 장학금을 양보할 것인가?'라는 질문을 받았습니다. 사실 어느 정도 정답이 주어진 진부한 질문이었지만, 그렇다고 너무 뻔하게 답하기는 또 싫었습니다. 그래서 이렇게 운을 떼었죠. "물론 저희 집도 장학금이 주어졌는데도 대담하게 거절할 수 있을만큼 형편이 그렇게 좋지 못하기는 한데..." 생각하지 못한 답변이 나와서인지 면접관 세 분이 모두 웃으시더라고요. "그래도 제 친구가 다른 요인이 아니라 '정말로' 돈이 모자라서 공부를 못 하게 된 상황이라면 기꺼이 제 장학금을 양보할 생각이 있습니다."라고 나름 훈훈하게 마무리한 기억이 있네요. 여담이지만 장학금 얘기가 나오니까 저도 모르게 감정 이입이 되더라고요. 사실저 질문 말고도 3개 대학 면접을 보면서 일관적으로 유지한 자세는 '진심을 전달하되, 건방지지 않게 들리도록 필터링은 하고 말하자'는 것이었어요. 지금 생각해보면 그런 생각으로 면접에 임한 게 나름 창의적인 답변이 많이 나오는 데 기여한 것 같기도 하네요. 사람마다 생각이 다 다르기 마련이니 자기 진심을 말하는 것

이 가장 창의적인 답변이 아닐까 싶습니다.

Q4 면접을 앞두고 있는 후배들에게 마지막 조언 부탁드립니다.

A4. 솔직히 말해서 저는 면접 준비가 크게 힘들지 않았는데요. '친구들과 다 같이 잘 되었으면 좋겠다'는 제 진심이 제대로 표현된다면 굳이 미사여구를 섞지 않아도 저를 뽑아주시리라는 확신이 있었기 때문이에요. 그렇게 되니까 뭘 만들어낼 필요도 없었고, 제가 해야 할 것은 자소서와 학생생활기록부를 되짚어보고, 제 생각을 무례하지 않으면서도 정확하게 전달하는 연습을 하는 것뿐이었어요. 다른 사람들이 어떻게 면접을 봐서 합격했는지는 모르겠고, 아마 저와 다른 방법들도 있을 수 있다고 생각하긴 합니다. 하지만 저는 최소한, 면접에 가장 최적화된 사람은 많이 알거나 말을 잘 하는 사람이 아닌, 고등학생 시절을 '진심으로' 산 사람이라고 생각해요. 스스로 말하면서도 좀 오글거리긴 하는데, 면접에서 가장 큰 무기는 '진심'이라고 생각합니다. 그 무기를 어떻게 쓰는지, 즉 진심을 면접관에게 어떤 방법으로 표현하는지는 별개의 문제이지만요. 덧붙이자면 세 번의 면접을 본 경험상 면접관들은 밝고, 예의 바르고, 말하는 바가 분명한 사람을 좋아하는 것 같습니다.

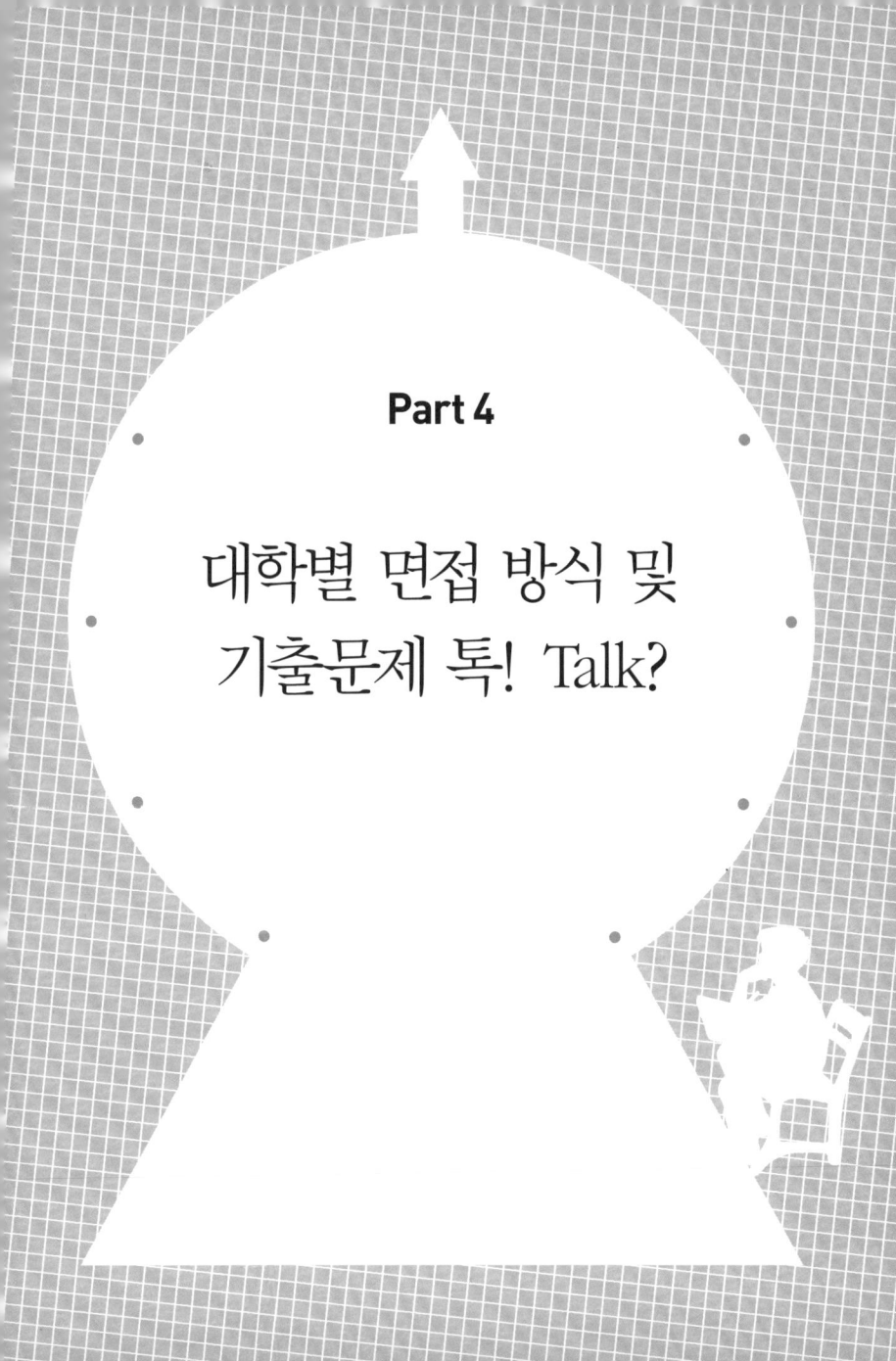

Part 4

대학별 면접 방식 및
기출문제 톡! Talk?

01
국·공립대(19개)

면접을 위한 사전 준비를 다 했고 충분한 노력이 있었다면, 마지막으로 대학별 면접 방식을 확인하고 역대 기출문제들은 어떻게 출제되었는지에 대해 알아보는 것이 중요합니다. 자신이 가는 대학뿐만 아니라 다른 대학의 기출문제들도 살펴본다면 면접관들이 무엇에 초점을 맞추어 질문하는지를 알 수 있습니다. 전국 주요 국·공립대 및 사립대 40여 개를 가나다순으로 정리하여 모집 요강을 통해 파악된 각 학교의 면접 방식과 2015학년도 기출문제들을 모아 놓았습니다. 대입 수시 면접에서 대체적으로 어떠한 질문이 나오는지를 파악할 수 있을 것입니다.

강원대학교

면접 방식

2, 3명의 면접관과 1명의 지원자가 10~12분간 개별 면접 진행
(인성+발표)

기출문제

- 고등학교 기간 내내 학급 및 학생회 임원으로 활동한 이유는
  무엇인가?
- 내신성적에서 영어 점수가 높게 형성된 이유는 무엇인가?
- 자신의 고등학교 성적의 변화에 대해 어떻게 설명할 수 있는가?
- 자신의 장점은 무엇인가?
- 자신이 존경하는 인물은 누구인가?
- 심리학은 어떻게 구분되는가?
- 엔저 현상에 대해 알고 있는가?
- 작은 마을에 기업형 마트가 들어서는 현상에 대해 어떻게 생
  각하는가?
- 지원 동기는 무엇이며, 대학 졸업 후 자기가 어떤 모습으로 있
  을 것이라 기대하는가?
- 한중 FTA 발효에 의해 우리나라가 얻는 것과 잃는 것은 무엇

이라고 생각하는가?

- 환율이 하락하였을 때를 '원화 평가절상', '원화 평가절하' 중 무엇이라고 부르는가?

경인교육대학교

면접 방식

2, 3명의 면접관과 1명의 지원자가 개별 인성 면접, 3명의 면접관과 6인 1조의 지원자가 25분간 집단 면접

기출문제

- 자신의 진로와 관련한 지원 동기는 무엇인가?
- 자신의 고등학교 성적의 변화에 대해 어떻게 설명할 수 있는가?
- 독친(자녀에 대한 지나친 기대로 자녀를 괴롭히는 부모)에 대해 '현실 속에서 자식을 위해서 어쩔 수 없다'는 주장과 '성적 향상에만 지나치게 열을 올리는 극성적인 현상'이라는 주장이 있다. 두 가지 상반된 주장을 정리하고 각 주장을 뒷받침할 수 있는 근거를 세 가지 제시하고, 두 주장을 모두 고려하여 독친 문제를 해결할 수 있는 방안을 세 가지 제시하시오.

- 에볼라에 한해서 세계보건기구는 시험 단계에 있는 치료제의 사용을 이례적으로 허가하였다. 그러나 안정성을 검증하지 못한 약물을 투여하는 문제를 둘러싸고 윤리적 논란이 불거지고 있다. '환자를 살리기 위해 시험 단계의 치료제 사용이 불가피하다'는 주장과 '검증받지 못한 의약품을 사용하는 것은 어떠한 경우에도 안 된다'는 주장이 있다. 두 가지 상반된 주장을 정리하고 각 주장을 뒷받침할 수 있는 근거를 세 가지 제시하고, 두 주장을 모두 고려하여 시험 단계에 있는 치료제 사용의 윤리적 논란을 해소하기 위한 방안을 세 가지 제시하시오.

- 최근 모 교육청에서 임용시험 합격자에게 인턴십(기간제 교사 및 강사) 제도를 적용해 계약제 교사로 근무하게 한 뒤 교원인사위원회의 심의를 통해 최종 임용 대상자를 선정한다는 계획을 발표하였다. 이 제도가 '예비 교사와 학교 모두에게 도움이 된다'는 주장이 있는 반면 '부작용이 있을 수 있으므로 시행해서는 안 된다'는 주장도 있다. 두 가지 상반된 주장을 정리하여 각 주장을 뒷받침할 수 있는 근거를 세 가지 제시하고, 두 주장을 모두 고려하여 인턴 교사제와 관련된 논란을 해소할 수 있는 방안을 세 가지 제시하시오.

공주교육대학교

과제수행 보고서 작성, 2, 3명의 면접관과 1명의 지원자가 개별 인성 면접, 3명의 면접관과 4, 5인 1조의 지원자가 25분간 집단 면접

기출문제

● 대학에 와서 하고 싶은 일은 무엇인가?

● 자신의 단점은 무엇인가?

● 자신의 진로와 관련된 지원 동기는 무엇인가?

● 마지막으로 하고 싶은 말은 무엇인가?

● 9시 등교에 대한 찬반여부를 말하고, 그 근거를 제시하시오.

● OECD 국가 중 우리나라 아동의 행복지수가 낮은 편인 원인을 말하고, 해결방안을 제시하시오.

● 우리나라 기부지수가 증가하고 있는데, 그 원인과 기부를 더 활성화시킬 수 있는 방안에 대해 말하시오.

● 초등학교 1, 2학년 학생들에게 사고가 발생할 때마다 안전교육 과목을 개설하여 가르치는 것에 대한 찬반여부를 말하고, 그 근거를 제시하시오.

공주대학교

2, 3명의 면접관과 1명의 지원자가 10~15분간 개별 면접 진행
(인성+발표)

● 가르치는 것과 배우는 것 중에 더 중요하다고 생각하는 것은 무엇이고, 그 이유는 무엇인가?

● 교사의 자질에는 무엇이 포함되는가?

● 마지막으로 하고 싶은 말은 무엇인가?

● 발견, 발명, 진보 중 가장 중요하다고 생각하는 것은 무엇이고, 그 이유는 무엇인가?

● 성적이 하향세를 나타내고 있는데 그 이유는 무엇인가?

● 스마트폰이 아이들에게 미치는 영향은 무엇인가?

● 일본에 지진과 화산 폭발이 잦은 이유는 무엇인가?

● 전자기 유도란 무엇인가?

● 전자기 유도를 이용한 기구들을 예로 들어보시오.

● 지구 과학과 지리를 어떤 식으로 연결해서 공부했는가?

● 이 학과에 지원하게 된 이유는 무엇인가?

- 청소년 문제의 원인은 가정인가? 사회인가?
- 초등학교 교사가 성적순으로 급식 순서를 정한 것에 대해서 어떻게 생각하는가?
- 최근 1년간 가장 화났던 경험은 무엇이었고 어떻게 해결했는가?
- 환경오염을 해결할 수 있는 방법은 무엇이라고 생각하는가?

광주교육대학교

면접 방식

2, 3명의 면접관과 1명의 지원자가 10~15분간 개별 면접 진행 (인성+발표)

기출문제

- 과학 학습에 흥미를 높일 수 있는 방법은 무엇이라고 생각하는가?
- 본교에 지원한 이유와 앞으로의 진로 계획을 말하시오.
- 성적 변화가 들쑥날쑥한 이유는 무엇인가?
- 요양원에 가서 봉사활동을 한 이유는 무엇인가?
- 자기소개서에 쓴 동아리활동을 하면서 배우고 느낀 점은 무

엇인가?

- 자신이 가장 좋아하는 과목에서 설명할 수 있는 개념 하나를
  설명하시오.

대구교육대학교

면접 방식

2, 3명의 면접관과 1명의 지원자가 10~15분간 개별 면접 진행
후 집단 면접

기출문제

- 기다리는 동안 무엇을 했는가?
- 마지막으로 하고 싶은 말은 무엇인가?
- 봉사활동을 하면서 가장 힘들었던 점은 무엇인가?
- 자기 계발서를 많이 읽은 이유가 무엇인가?
- 초등학교 교사가 되고 싶었던 계기와 동기는 무엇인가?
- (집단 면접) 초등학교 한자 교육 강화에 대한 자신의 생각과 이
  유를 말하시오.
- (집단 면접) 자신이 담임을 맡은 반에서 왕따 문제가 발생했을

때 해결할 수 있는 방안을 말하고, 시연해보시오.

- (집단 면접) 학생들이 지나치게 욕을 사용하여 욕과 관련된 수업을 하려고 할 때 어떤 수업을 할 것인가를 말하고, 시연해보시오.

부산교육대학교

면접 방식

2, 3명의 면접관과 1명의 지원자가 10~15분간 개별 인성 면접, 3명의 면접관과 6인 1조의 지원자가 50분간 집단 면접(토론)

기출문제

- 교사가 가져야 하는 자질은 무엇이라고 생각하며, 어떻게 기를 수 있다고 생각하는가?
- 교사가 문화적인 경험이 많으면 좋은 점이 무엇이라고 생각하는가?
- 교사란 어떤 역할을 해야 하는가?
- 교실에 다문화 학생이 있다면 어떻게 지도할 것인가?
- 마지막으로 하고 싶은 말은 무엇인가?

- 경험했던 봉사활동에 대해 구체적으로 말하시오.
- 선배 교사와 예기치 않은 갈등이 생긴다면 어떻게 할 것인가?
- 인성 교육을 잘 할 수 있는 방안은 무엇인가?
- 장애우 아동이 학급에 있을 때 어떻게 지도할 것인가?
- 취미는 무엇이며, 취미를 통해 얻은 것은 무엇인가?
- 학교에 오기 싫어하는 학생은 어떻게 지도할 것인가?
- (집단 면접) 초등학교에서의 한자 교육 상황에 대해 자신의 입장을 정하고 토론에 임하시오.
- (집단 면접) 선행학습금지법에 대해 자신의 입장을 정하고 토론에 임하시오.
- (집단 면접) 출석번호로 학생의 호명을 금지하는 법안이 제출되었는데, 이에 대해 자신의 입장을 정하고 토론에 임하시오.

서울과학기술대학교

면접 방식

2, 3명의 면접관과 1명의 지원자가 10~13분간 개별 면접 진행
(인성 또는 발표)

- 마지막으로 하고 싶은 말은 무엇인가?
- 본교와 관련해서 알고 있는 것을 말하시오.
- 우리 과에 지원하기 위해 어떤 노력을 기울였는지를 설명하시오.
- 우리 과와 관련해서 존경하는 사람을 말하고, 그 이유를 설명하시오.
- 자신의 장단점에 대해 구체적으로 말하시오.
- 장래 희망이 계속해서 바뀐 이유는 무엇인가?
- 졸업 후 구체적으로 하고 싶은 일은 무엇인가?
- 학과에 지원하게 된 동기와 장래 희망과의 관계는 무엇인가?
- 효과적인 공부 방법을 말하시오.

서울교육대학교

면접 방식

2, 3명의 면접관과 1명의 지원자가 40분간 세 번의 개별 면접 진행(교직인 적성)

● (제시문 내용) 신경숙의 《외딴방》 중 일부 발췌, 주인공이 선생님의 조언에 따라 소설가가 되었다는 내용.

(질문) 1. 제시문은 어떤 교육 원리에 따른 것인가?

2. 아이들의 소질을 살리기 위해 어떻게 할 것인가?

3. 제시문과 같은 선생님이 있었는가?

● (제시문 내용) 우리나라 수학 성취도가 2위인데 반해 수학 흥미도는 49위이다.

(질문) 1. 각 자료에 나타난 현상이 일어난 이유는 무엇인가?

2. 이러한 현상을 줄이기 위해서 무엇을 해야 하는가?

● (제시문 내용) 우리나라 역대 출산 정책을 나타내는 포스터.

(질문) 1. 사료에서 나타난 저출산 현상에 대한 문제점은?

2. 이에 대한 대책은 무엇인가?

● (제시문 내용) 우리나라에 불만을 갖고 있는 학생과 아무 이유 없이 우리나라에 대해 긍정적인 생각을 가지고 있는 학생의 대화.

(질문) 1. 제시문에서 지나치다고 생각하는 부분이 있는가? 그 이유는?

2. 본인이 교사라면 두 학생을 어떻게 교육할 것인가?

3. 그렇다면 우리나라의 국민성 중 가장 위대하고 생각하는 것은 무엇인가? 그 이유는?

- (제시문 내용) 과학에 흥미를 느끼고 다른 과목에 대해서는 공부할 필요를 느끼지 못하는 학생이 있다.

  (질문) 1. 특정 경험 이후 특정 과목에 흥미를 느낀 것에 대해 어떻게 생각하는가?

  2. 흥미 있는 과목 이외의 과목에 대해 공부할 필요를 느끼지 못하는 학생을 어떻게 교육할 것인가?

  3. 더 하고 싶은 말이 있는가?

- (제시문 내용) 외국어 교육이 국내에 도입되고 있다.

  (질문) 1. 제시문의 핵심을 한마디로 표현하자면 무엇인가?

  2. 교육 개방에 대해서 어떤 입장인가?

서울대학교

면접 방식

2, 3명의 면접관과 1명의 지원자가 10~15분간 개별 면접 진행
(인성+발표)

기출문제

분야별로 제시문과 질문이 다릅니다. 서울대학교 입학처에 제

시문 및 질문 전문이 게시되어 있으므로 참고하세요. 다른 기출 문제는 그래프 및 그림이 필수이므로 여기에서는 인문 분야 기출문제만 수록합니다.

- (제시문 내용) 1. '빈말'과 '거짓말'에 대한 내용.

  (질문) 1-1. 제시문을 토대로 빈말과 거짓말의 본질적인 차이점을 설명하고, 거짓말도 빈말도 아니면서 듣는 이를 오도(誤導)하는 말의 사례를 제시하시오.

  1-2. 사람들은 거짓말보다 빈말을 더 빈번히 하는 경향이 있다. 이러한 현상의 원인들로는 무엇이 있을지 제시하시오.

- (제시문 내용) 2. '긍정적 사고'와 '부정적 사고'에 대한 내용.

  (질문) 2-1. 본인이 읽은 책에서 적절한 인물 하나를 예로 들어서, 위 제시문에서 규정하는 '긍정적 사고'를 하는 사람과 '부정적 사고'를 하는 사람이 각각 그 인물의 삶을 어떻게 평가할지 설명하시오.

  2-2. 위 제시문은 '긍정적 사고'의 문제점과 '부정적 사고'의 이점을 부각시킨다. '부정적 사고'에는 어떤 문제점이 있을 수 있는지 설명하시오.

서울시립대학교

2, 3명의 면접관과 1명의 지원자가 10~15분간 개별 면접 진행 (인성+발표)

기출문제

누진세, 인성 교육, 시 분석, 무상 급식, 싱크홀, 자연현상과 정규분포곡선, 규제 개혁 등 각 전공마다 관련 개념에 대한 제시문과 질문이 주어집니다.

- 마지막으로 하고 싶은 말은 무엇인가?
- 봉사활동 중 가장 기억에 남는 것은 무엇인가?
- 인상 깊게 읽은 영화 관련 전문서적은 무엇인가?
- 입학 후 본인의 진로 방향에 맞춘 학업 계획은 무엇인가?
- 자기가 노력했던 것 중에서 실패했던 경험은 무엇인가?
- 자신의 꿈에 대해 말하시오.
- 장래 희망하는 직업과 갖추어야 할 능력은 무엇이며, 그것을 위해 어떤 노력을 할 수 있는가?
- 전공 대학에서 공부하기 위해 도움이 되는 학업활동은 무엇

인가?

- 학교폭력이 일어나는 이유를 무엇이라고 생각하는가?
- 학교생활을 하면서 가장 힘들었던 것은 언제였는가?

인천대학교

면접 방식

2, 3명의 면접관과 1명의 지원자가 10~15분간 개별 면접 진행
(인성+발표)

기출문제

환율, 무역의 장단점, 외국계 기업의 국내 진출, 잊혀질 권리, 자신이 생각하는 최고의 발명품 등 각 과마다 공통 질문지가 주어집니다.

- 우리 과에 지원하기 위해 어떤 노력을 기울였는가?
- 우리 과와 관련해서 존경하는 사람이 있는가? 그 이유는 무엇인가?
- 자신의 장단점에 대해 구체적으로 말하시오.

- 장래 희망이 계속해서 바뀐 이유는 무엇인가?
- 졸업 후 구체적으로 하고 싶은 일은 무엇인가?
- 학과에 지원하게 된 동기와 장래 희망과의 관계는 무엇인가?

전남대학교

면접 방식

2, 3명의 면접관과 1명의 지원자가 20분간 개별 면접 진행
(인성+발표)

기출문제

- (발표 면접) 님비현상에 대해서 설명하고 해결방안에 대해 말하시오.
- (발표 면접) 일률적 평등과 차별적 평등 중 무엇을 지지하는지와 논거를 말하시오.
- 대학에 와서 가장 하고 싶은 일은 무엇인가?
- 동아리를 운영하면서 어려웠던 점은 무엇인가?
- 마지막으로 하고 싶은 말은 무엇인가?
- 살면서 가장 감동을 받았던 순간은 언제인가?

- 우리 과에 지원한 동기는 무엇인가?

- 우리 과에서 공부하고 싶은 과목이 따로 있는가?

- 자소서에는 없지만 기억에 남는 교내활동은 무엇인가?

- 자신의 장단점에 대해 말하시오.

- 장래 희망이 계속해서 바뀐 이유는 무엇인가?

- 학교생활 중 아쉬웠던 것은 무엇인가?

- 진로희망의 계기는 무엇인가?

- 진로희망 직업을 위해 갖추어야 할 자질은 무엇인가?

전북대학교

면접 방식

2, 3명의 면접관과 1명의 지원자가 20분간 개별 면접 진행
(인성+발표)

기출문제

- 100만 원을 마음대로 쓸 수 있다면 무엇을 할 것인가?

- 가장 기억에 남는 교내활동은 무엇인가?

- 간디는 성공한 변호사였음에도 불구하고 타인을 위해 힘든

삶을 살았는데 그 이유는 무엇이라고 생각하는가?

● 대학에 와서 가장 하고 싶은 일은 무엇인가?

● 동아리를 운영하면서 어려웠던 점은 무엇인가?

● 마지막으로 하고 싶은 말은 무엇인가?

● 살면서 가장 감동을 받았던 순간은 언제인가?

● 우리 과에 지원한 동기는 무엇인가?

● 우리 과에서 공부하고 싶은 과목이 따로 있는가?

● 자기소개서에는 없지만 기억에 남는 교내활동은 무엇인가?

● 자신의 장단점에 대해 말하시오.

● 장래 희망이 계속해서 바뀐 이유는 무엇인가?

● 층간 소음을 일으키는 원인과 그 해결방안을 말하시오.

● 학교생활 중에 아쉬웠던 것은 무엇인가?

● 화장터나 쓰레기 매립지 건설을 지역 주민이 반대하는 이유와 그 해결방안을 말하시오.

진주교육대학교

면접 방식

2, 3명의 면접관과 1명의 지원자가 10~15분간 개별 인성 면접,

3명의 면접관과 6인 1조의 지원자가 50분간 집단 면접(토론)

기출문제

- 교육이란 무엇이라고 생각하는가?
- 남녀공학의 장단점을 말하시오.
- 다문화가정문제의 원인을 세 가지 이상 말하시오. 민족의 정체성과 다원화의 관점 중에 한 가지를 선택하고, 그에 따른 교육 정책 또는 교육 방법에 대해 말하시오.
- 성공이란 무엇이라고 생각하는가?
- 우리나라 교육의 장점에 대해 말하시오.
- 초등 교사와 중등 교사의 차이점에 대해서 설명하시오.
- (집단 면접)

(제시문 내용) 일본에서 노벨상 수상자가 많이 나오는 반면에 우리나라는 없다.

(질문) 1. 과학 시간을 재밌게 만들 수 있는 방법을 자신의 경험에 맞게 설명하시오.

2. 우리나라가 아닌 다른 나라에서는 대학입시에서 2, 3문제를 3시간 동안 풀이하도록 한다. 이러한 제도의 장단점은 무엇이라고 생각하는가?

(제시문 내용) 학교폭력의 심각성과 인성 교육의 문제.

(질문) 1. 학교에서 강조해야 하는 인성 교육을 정의하고 인성
교육의 핵심 덕목을 주장하시오.

2. 제시한 핵심 덕목을 교육하기 위하여 학교, 가정, 사
회에서 추진할 수 있는 방안을 제시하시오.

(제시문 내용) 원자력발전소의 위험에 대한 내용.

(질문) 1. 에너지를 얻기 위해 건설하는 원자력 발전소의 장점
과 단점을 세 가지 이상 말하시오.

2. '삶의 질을 향상시키고 경제를 발전시키기 위해 어느
정도 자연을 훼손해야 한다'는 입장과 '환경문제를 해
결하기 위하여 편의성만을 추구해서는 안 된다'는 입장
이 있다. 이 중 하나의 입장을 선택하고, 그 이유를 말
하시오.

춘천교육대학교

면접 방식

2, 3명의 면접관과 1명의 지원자가 10~15분간 개별 인성 면접,

3명의 면접관과 6인 1조의 지원자가 20분간 집단 면접(토론)

기출문제

- (집단 면접) 멸종되는 꿀벌 100마리와 인간 1명 중 하나만 살린다면?
- (집단 면접) 역사는 반복되는가? 진보하는가?
- 고등학교 생활 중에 가장 노력했던 일은 무엇인가?
- 고등학교 생활 중에 갈등을 극복했던 사례를 말하시오.
- 독서 내용 중에 가장 인상 깊었던 내용을 말하시오.
- 의료, 전철, 방송 등의 민영화에 대한 생각을 말하시오.
- 학교폭력의 가장 큰 이유는 무엇이라고 생각하는가?
- 학생부나 사소서에 적힌 내용 외에 선생으로서 누군가를 가르쳤던 경험이 있는가?

충남대학교

면접 방식

2, 3명의 면접관과 1명의 지원자가 20분간 개별 면접 진행
(인성+발표)

- 간단히 자기소개를 하시오.
- 고등학교 생활 중에 갈등을 극복했던 사례를 말하시오.
- 꿈을 이루기 위해 했던 노력에는 어떤 것들이 있었는가?
- 독서 내용 중에 가장 인상 깊었던 내용은 무엇인가?
- 마지막으로 하고 싶은 말은 무엇인가?
- 본인의 장단점에 대해서 구체적으로 말하시오.
- 의료, 전철, 방송 등의 민영화에 대한 생각을 말하시오.
- 자신을 5분 안에 홍보하시오.
- 학교폭력의 가장 큰 이유는 무엇이라고 생각하는가?

충북대학교

면접 방식

2, 3명의 면접관과 1명의 지원자가 20분간 개별 면접 진행
(인성+발표)

기출문제

- 간단히 자기소개를 하시오.

- 고등학교 생활 중에 갈등을 극복했던 사례를 말하시오.
- 독서 내용 중에 가장 인상 깊었던 내용을 말하시오.
- 무상 보육은 무엇이며 장단점은 무엇인가?
- 본인의 장단점에 대해서 구체적으로 말하시오.
- 올해 가장 의미 있었던 일은 무엇인가?
- 지원 동기에 대해서 구체적으로 말하시오.
- 학교폭력의 가장 큰 이유는 무엇이라고 생각하는가?
- 9시 등교제에 대한 자신의 생각을 말하시오.

한국교원대학교

면접 방식

2, 3명의 면접관과 1명의 지원자가 20분간 개별 면접 진행
(인성+발표)

기출문제

- 고등학교 재학 시절 자신이 참여했던 클럽활동은 무엇이며, 활동 중 기억에 남는 경험이 있는가?
- 고등학교 재학 시절 학급의 대표나 학생회 임원으로 활동한

적이 있다면 그중 기억에 남는 경험은 무엇인가?

- 교사가 되기로 한 것은 누가 결정했는가?

- 교사도 성장하고 수업에도 변화를 만들기 위해 평소 교사가 갖추어야 될 모습은 어떤 것들이 있는가?

- 수업시간에 학생들과 제대로 소통하기 위해서 교사는 어떻게 수업을 진행해야 하는가?

- 여러분이 보기에 학교 교육은 그 목적과 내용과 방법 면에서 어떤 교육이어야 한다고 생각하며, 그렇게 생각한 근거는 무엇인가? 특히 학교 교육의 목적과 관련하여 아마도 여러분은 '나는 공부를 왜 하는가?'라는 생각을 한 번쯤 해보았을 것이고 주위로부터 '공부를 잘하면 훌륭한 사람이 된다'는 식의 대답을 들어본 적이 있을 것이다. 이 질문과 대답에 대한 여러분의 견해는 무엇이며, 그 근거는 무엇인가?

- 위 지문은 올해 초 방송된 뉴스 보도의 녹취록 일부로 주요 내용은 교사의 권위가 심각한 위기 상황을 맞고 있음을 지적하고 있다. 이러한 진단에 대해 동의한다면 교권 추락의 근본적 원인은 무엇이라고 생각하는가? 교사가 되었을 때 이러한 교권 추락 상황에 어떻게 대처해 나갈 것인가? 혹은 교권의 추락이라는 진단에 동의하지 않는다면 그렇게 생각하는 근거는 무엇인가?

- 자신의 학창시절을 돌이켜 볼 때 선생님의 말이 자신에게 부정적인 영향을 미친 사례가 많다고 생각하는가? 아니면 긍정적인 영향을 미친 경우가 많다고 생각하는가? 그렇게 생각하는 이유를 구체적으로 말하시오.
- 최근 학교 내에서 학생과 학생 사이 또는 학생과 교사 사이에서 발생하는 언어폭력 및 차별 언어로 인한 피해 사례가 증가하고 있는데, 이러한 일들로 인해 야기되는 문제점은 무엇이며, 그와 같은 문제의 해결을 위해 교사가 해야 할 일은 무엇이라고 생각하는가?
- 학급 친구와 의견 대립이 생겼을 때, 해결한 경험에 대해 말하시오.
- 학교생활 중 지원 전공 또는 특정 분야에 몰두하여 최선을 다한 경험이나 사례가 있는가?

02
사립대(21개)

건국대학교

면접 방식

2, 3명의 면접관과 1명의 지원자가 10~12분간 개별 면접 진행
(인성+발표)

기출문제

● (기계론적 자연관과 유기적 자연관에 대한 제시문을 읽고) 제시문을
  바탕으로 하여 어떠한 주장이 자신이 선호하는 주장인지 말
  하시오.

● 건국대학교 정치대학에 대해서 무엇을 알고 있는가?

- 내신성적이 급격하게 변화된 이유는 무엇인가?
- 대학에 와서 하고 싶은 일은 무엇인가?
- 마지막으로 하고 싶은 말은 무엇인가?
- 자신의 단점은 무엇인가?
- 자신의 진로와 관련된 지원 동기는 무엇인가?
- 자신이 건축학과에 진학한다면 어떤 건축물을 짓고 싶은가?
- 자신이 지원하고자 하는 학과와 관련된 롤모델은 누구인가?
- 장애인 시설에 가서 봉사활동을 한 이유는 무엇인가?
- 중국 문화 중 차(茶)문화에 대해 설명하시오.
- 학생 임원으로 있을 때는 어떤 활동들을 했었는가?

경희대학교

면접 방식

2, 3명의 면접관과 1명의 지원자가 10~12분간 개별 면접 진행
(인성+발표)

기출문제

- 봉사활동을 하면서 느낀 점은 무엇인가?

- 자신의 꿈과 그 꿈을 가지게 된 이유는 무엇인가?
- 자신의 장단점에 대해 말하시오.
- 자신이 왜 지원한 학과에 적합하다고 생각하는가?
- 지원자가 왜 경희대학교에 뽑혀야 하는지에 대해 말하시오.
- 지원하는 학과에 관심이 생기게 한 책은 무엇인가?
- 경희대학교 인재상에 대해 설명하고, 어떠한 면이 자신과 맞는지 말하시오.
- (인문계열) 다수결의 원리에 기반한 의사결정이 최고의 의사결정인가?
  - 최상의 의사 결정이라면, 히틀러의 집권과 고대 그리스의 중우 정치도 최상의 의사결정인가?
  - 최상의 의사 결정이 아니라면, 다수결에 기반한 의사결정이 좋은 결과를 가져오게 할 수 있는 방안은 무엇이 있는가?
- (인문계열) 사회의 부패를 청산하고 방지하는 일은 왜 중요하며 어떻게 이루어질 수 있는가? 국가 청렴도가 높을수록 국민소득(혹은 국가경쟁력)이 높은 이유는 무엇인가?
- (인문계열) 장유유서의 기준에 따르는 '유사 가족주의적 인간관계'는 한국 사회의 발전을 위해 앞으로도 계속해서 권장되어야 할 유익하고 바람직한 인간관계의 유형인가?
  - 바람직하다면, 글로벌화와 다문화주의가 일반화되는 추세

에서도 계속 권장될 수 있는가?

- 바람직하지 못하다면, 그러한 인간관계의 유형을 바꿀 수 있는 방안은 무엇인가?

● (자연계열) 우리나라에서 사용되고 있는 전기 에너지 중 30% 이상이 원자력 발전소에서 생산된다. 새로운 원자력 발전소를 증설한다고 할 때 논리적 근거를 바탕으로 본인의 찬반 의견을 말하시오.

- 찬성한다면, 후쿠시마 원전 사고에 대해서는 어떻게 생각하는가?

- 반대한다면, 원전을 대체할 수 있는 방안은 무엇인가?

● (자연계열) 과학기술의 발전이 인간의 삶의 질을 높인다는 주장에 내해 본인의 의견을 피력하시오.

- 삶의 질을 높인다면, 최근 스마트폰에 의한 다양한 폐해에 대한 의견은 무엇인가?

- 그렇지 않다면, 최근 스마트폰의 사용으로 언제 어디서나 서로 연락하고 정보를 접근할 수 있어 매우 편리한 삶을 영위하고 있지 않은가?

● (의학계열) 최근 대한민국정부에서 에볼라 바이러스 감염국가에 의사를 보내기로 하였다. 학생 자신이 의사라면 자원해서 갈 것인가? 그런 선택을 한 이유는?

- 간다면, 에볼라 바이러스 감염국가에 파견된 의사가 바이러스에 감염되었다. 감염된 의사를 국내로 들어오게 해야 하는가?
- 가지 않는다면, 의료인이라면 자신이 위험해질 수 있더라도 인도적인 봉사를 해야 하지 않는가?

고려대학교

면접 방식

2, 3명의 면접관과 1명의 지원자가 10~12분간 개별 면접 진행
(인성+발표)

기출문제

- 동아리활동을 하면서 배우고 느낀 점은 무엇인가?
- 제시문의 내용과 자신의 고등학교 생활을 연결시켜 본다면 어떠한가?
- 지원학과와 관련해서 구체적인 진로 계획은 무엇인가?
- (인문계열)

  (가) 프로크루테스는 그리스 아티카의 강도로, 아테네 교외의

언덕에 집을 짓고 살면서 강도질을 했다. 그의 집에는 철로 만든 침대가 있었는데, 지나가는 사람을 잡아와 자신의 침대에 누이고는 행인의 키가 침대보다 크면 그만큼 잘라내고, 침대보다 작으면 억지로 침대 길이에 맞추어 늘여서 죽였다.

(나) 세계 금융위기의 여파로 국내 경제가 침체돼 공장폐업이 늘고 실업자가 증가하는 상황에서 모 항공은 사용자와 노조 사이에 고용유지와 임금동결에 합의해 사용자와 노동자가 모두 윈윈(win-win)했다는 평가를 받고 있다. 회사 측에서는 비용절감을 위한 감원을 포기하고 고용안정을 약속하면서 실습사원의 계약기간을 1년 더 연장하기로 했고, 노조 측에서는 올해 임금을 동결하고 여러 가지 경영성과급 지급 유보에 대해 합의했다. 그래서 서로 간에 양보 교섭을 한 사실을 노동부에 신고해 국가로부터 고용유지 지원금을 받고, 휴업수당도 지원받게 되었다.

(다) 유럽에서 가장 많은 이슬람교도가 사는 나라는 프랑스이다. 프랑스 정부는 1994년부터 머리에 두르는 스카프를 포함한 종교적 상징을 공립학교에서 착용하는 것을 금지시켰다. 2010년에는 모든 공공장소에서 모슬렘 두건의 일종인 부르카의 착용을 금지하는 법안을 상정했다. 프랑스는

이른바 '톨레랑스'의 나라로 불려왔다. 그러나 소수 이민자들에게 복장의 자유를 인정하지 않기로 한 이 법률의 제정으로 프랑스 정부는 외국인 끌어안기를 거부하고 있다는 비판을 받았다.

– 문항

1. 제시문 (가)에 나타난 가치지향의 귀결을 개인적, 국가적 차원으로 나누어 설명하시오.
2. 제시문 (다)에 결여된 태도가 제시문 (가)의 대안이 될 수 있는 이유를 들어보고, 반면에 그것을 일관되게 적용하기 어려운 한계는 무엇인지 말하시오.
3. 제시문 (가)에 나타난 가치지향으로 인해 발생한 문제를 제시문 (나)에서와 같이 해결했던 경험에 대해 이야기하시오.

● (인문계열)

(가) 자공은 공자에게 평생 동안 시금석이 될 만한 가르침을 청했다. 그러자 공자는 '서(恕)'라는 하나의 행위원리를 제안했다. 후대의 사람들은 이 '서(恕)'라는 한자를 '같다(如)'와 '마음(心)'의 두 글자로 분석했다. 다시 말해 '타인의 마음을 나의 마음과 같다고 생각하는 것'이 곧 '서(恕)'

의 의미라는 것이다. 공자의 말에 따르면 '서(恕)'라는 원리는 '자신이 원하지 않는 것을 남에게도 행하지 말라'는 명령으로 간략하게 정리될 수 있다.

(나) 옛날 바닷새가 노(魯)나라 성 밖에 날아와 앉았다. 노나라 임금은 이 새를 친히 종묘 안으로 데리고 와 술을 권하고, 아름다운 궁궐의 음악을 연주해주고, 소와 돼지, 양을 잡아 대접했다. 그러나 새는 어리둥절해하고 슬퍼하기만 할 뿐, 고기 한 점 먹지 않고 술도 한 잔 마시지 않은 채 사흘 만에 결국 죽어버리고 말았다. 이것은 자기와 같은 사람을 기르는 방법으로 새를 기른 것이지, 새를 기르는 방법으로 새를 기른 것이 아니다.

(다) 인간 의사소통의 속성에 대해 연구한 심리학자 Paul Watzlawick은 의사소통에 관한 다섯 가지 공리를 말했는데, 그중 하나가 바로 "우리는 의사소통을 하지 않을 수 없다(One cannot not communicate)."라는 것이다. 아무 말도 하지 않더라도 표정이나 동작으로 어떤 의미가 전달되며 심지어 침묵이나 회피까지도 어떻게든 해석될 수밖에 없다. 경우에 따라서 침묵은 언어를 통한 표현보다 오히려 더 강한 의미 전달력을 가질 수 있다.

― 문항

1. 제시문 (가)에서 공자가 천명한 행위원리의 한계를 제시문 (나)의 관점에서 이야기해보시오.

2. 제시문 (가), (나), (다)를 참고해 타인과의 의사소통에서 고려해야 할 점에 대해 자유롭게 이야기해보시오.

3. 지원 전공분야와 관련해 의사소통의 문제가 발생할 수 있는 상황을 제시하고, 바람직한 해결방안에 대해 이야기해보시오.

국민대학교

면접 방식

2, 3명의 면접관과 1명의 지원자가 10~15분간 개별 면접 진행 (인성 또는 발표)

기출문제

- 1분 동안 자신을 소개하시오.
- 국민대학교에 지원한 이유는 무엇인가?
- 꿈을 이루기 위해 어떤 노력을 해야 하는가?

- 독서활동 기록 중 가장 인상 깊었던 책은 무엇인가?
- 방학 중에 학업에 올인하는 것이 나은가, 학업과 다른 활동을 병행하는 것이 나은가?
- 부모님과 희망직업이 다른 이유와 갈등 상황에 대해 말하시오.
- 성적이 다른 학생들보다 평균적으로 낮은 이유는 무엇인가?
- 자신을 가장 잘 나타낼 수 있는 활동은 무엇인가?
- 진로 사항이 여러 번 바뀐 이유와 그 계기는 무엇인가?
- 통일이 필요한 이유에 대해 설명하시오.
- (인문계) 공익을 위해 개인 SNS 등의 사생활 열람이 허용되어야 하는가? 아니면 개인의 사생활보호라는 측면에서 금지되어야 하는가에 대한 본인의 의견을 밝히고, 그 이유를 말하시오.
- (인문계) 원자력 발전은 화력·수력 발전 등 다른 발전 방식과 비교하여 볼 때 안전성, 경제성 및 환경의 측면에서 장단점을 가진다. 이에 근거하여 원자력 발전을 유지하는 정책에 대해 찬성하는지, 반대하는지 자신의 견해를 밝히시오.
- (인문계) 우리나라 속담 중에 "아무리 바빠도 바늘허리에 꿰어서는 안 된다."라는 '과정을 중시'하는 말과 "모로 가도 서울만 가면 된다."라는 '결과를 중시'하는 말이 있다. 이 두 개의 속담 중 자신은 어느 쪽을 지지하는지 견해를 밝히고, 그 이

유를 설명하시오.

- (인문계) 뇌사 같은 회복이 불가능한 환자에게 생명을 연장하는 치료를 중단하여 환자의 존엄사를 인정하자는 주장이 있다. 이 주장에 대해 자신의 찬성 혹은 반대 의견을 말하시오.

- (인문계) 경주 대학생 MT 때의 체육관 붕괴 사고, 지난 4월 세월호 참사 등 올해는 유난히도 대형 안전사고가 많은 해였다. 이에 대해 국민들의 안전 불감증이 거론되고 있다. 본인이 생각하는 국민들의 안전의식을 높일 수 있는 방안을 말하시오.

- (인문계) 최근 역사 드라마가 역사적 사실을 작가 나름대로 해석하여 진실을 호도한다는 비판이 있고, 반면에 문학적 창의성 차원에서 무방하다고 옹호하는 견해도 있다. 이에 대한 본인의 의견은 무엇인가?

- (자연계) 정보통신기술이 발전함에 따라 사물인터넷(IoT: Internet of Things)은 다양한 분야에서 우리 생활의 일부가 되고 있다. 사물인터넷의 활용 사례를 상상력을 동원하여 설명하시오.

- (자연계) 2018년부터 현대사회가 요구하는 통합적 인재를 양성하기 위해 문과와 이과가 통합된 교육과정이 도입된다. 이러한 통합형 교육과정에 찬성하는지 혹은 반대하는지 본인의 의견을 말하시오.

- (자연계) 서울시에서 심야버스의 정거장과 노선을 결정하는 과정을 비롯하여 다양한 분야에서 빅데이터의 활용 사례가 등장하고 있다. 빅데이터의 또 다른 활용 사례를 상상력을 동원하여 설명하시오.

- (자연계) 우리나라에서는 과학기술분야의 노벨상 수상자가 아직 없다. 노벨상 수상은 그 국가의 과학기술 수준을 나타내므로 기초과학연구에 더 많은 지원을 해야 한다는 의견이 있다. 한편으로는 과학기술 및 산업의 발전은 노벨상 수상이 없더라도 이룰 수 있는 것이므로 크게 연연할 필요가 없다는 반대 의견도 있다. 이에 대한 본인의 의견을 제시하고 그 이유를 설명하시오.

- (자연계) 우리 사회의 대표적인 약자인 장애인이 자신의 역량을 제대로 발휘하기 위해서는 여러 분야에서 다양한 노력이 필요하다. 수험생이 지원한 전공분야와 관련하여 장애인에게 도움이 되는 기술적 방안을 생각해보고 사례를 들어 설명하시오.

- (자연계) 원자력발전은 저렴한 비용으로 전기를 생산할 수 있는 기술로 알려져 있다. 현재 우리나라의 원자력발전 비중은 26.4%이고, 정부는 2030년까지 이를 28%까지 확대할 계획을 가지고 있으나 일부 국가에서는 안전문제로 인해 단계적으로

원자력발전소를 폐쇄하고 있다. 이러한 원자력발전을 정부계획대로 더욱 확대해야 할지 아니면 중단해야 할지 본인의 의견을 제시하고 그 이유를 설명하시오.

극동대학교

면접 방식

2, 3명의 면접관과 1명의 지원자가 10~15분간 개별 면접 진행 후 집단 면접

기출문제

- 남북통일은 우리 민족이 꼭 해결해야 하는 과제이지만, 통일 과정에서 남한은 많은 돈이 지출되어 재정적 어려움이 있을 수 있다는 우려도 있다. 남북통일로 얻게 되는 긍정적인 효과와 발생할 수 있는 문제들에 대해 본인의 의견을 말하시오.
- 당신은 출산이 임박한 임산부를 차에 태우고 병원으로 향하는 택시운전사입니다. 빨간 신호가 들어온 도로에서 신호를 위반하고 건너갈 것인지, 신호를 지킬 것인지 이야기하고 그러한 선택을 한 이유를 설명하시오.

- 무상급식을 전면적으로 시행하자는 '보편적 복지론'과 전면시행에 반대하는 '선별적 복지론' 중 하나를 택하여 우리사회의 복지제도가 나아갈 방향에 대해 본인의 의견을 제시하시오.
- 사회적으로 '힐링'이 대두되고 있다. 아프게 하는 현대사회 속에서 자신을 힐링하는 방법은 무엇인가?
- 악플문제에 대한 대책 중 하나로 언급되고 있는 인터넷 실명제에 대해 자신의 생각을 논리적으로 말하시오.
- 올해 안전 불감증으로 인한 많은 사고가 발생하였다. 이와 같은 사고를 방지하기 위한 정부와 국민의 역할이 무엇인지 설명하시오.
- 요즘 SNS나 모비일 메신저에 대한 압수수색이 논란이 되고 있다. 이러한 압수수색이 일반적 압수수색과 어떤 차이가 있는지와 발생 가능한 문제에 대하여 설명하시오.
- 요즘 많은 학생들이 트위터, 페이스북, 카카오스토리 등의 SNS를 사용하고 있다. 이에 따른 장점 혹은 문제점은 무엇인지 자신의 의견을 말하시오.
- 음주운전을 하여 운전면허 취소를 받은 사람 중 일부가 생계가 곤란하다는 이유로 구제되었다. 이와 같은 경찰의 선처에 대해 동의하는가? 그 이유는 무엇인가?
- 이순신 장군의 명량해전을 다룬 영화 〈명량〉을 보고 배설 장

군의 후손들은 영화 속의 역할이 사실과 다르게 그려졌다고 영화사를 상대로 명예훼손 혐의로 형사고소하였다. 예술활동의 창작의 자유와 왜곡된 역사인물의 사실 규명 중에 무엇이 중요시되어야 한다고 보는가?

● 최근 검찰은 카카오톡, 다음 등 인터넷 포털 사이트를 검열한다고 발표하여, 많은 사람들이 카카오톡 대신 텔레그램과 같은 곳으로 '사이버 망명'을 선택하기도 한다. 사이버 검열의 긍정적인 측면과 부정적인 측면을 각각 한 가지씩 설명하시오.

● 최근 여론조사에서 한자를 모르면 불편하다고 응답한 사람과 그렇지 않다고 응답한 사람이 각각 절반 가까이 되었다. 한자 공부가 필요한지 아닌지 자신의 의견을 말하시오.

● 최근 정부는 담뱃값 인상안을 내놓았다. 이에 대해 찬성이나 반대 의견을 말하시오.

● 한국의 담뱃값은 2004년 500원을 인상한 이후 2500원을 유지하였으나, 현 정부는 담뱃값을 4500원까지 인상하겠다고 발표하였다. 담뱃값 인상의 긍정적인 측면과 부정적인 측면에 대해서 한 가지씩 이유를 들어 설명하시오.

대구대학교

면접 방식

2, 3명의 면접관과 1명의 지원자가 10~15분간 개별 면접 진행
(인성 또는 발표)

기출문제

- '선행 교육 금지'에 대한 자신의 견해를 말하시오.
- 3D프린터는 사물을 3차원으로 복사할 수 있는 기계이다. 이 것을 우리 생활에 어떻게 활용할지 구체적으로 설명하시오.
- 결혼 시기를 늦추거나 결혼하지 않는 사람들이 늘어나고 있다. 이로 인해 나타날 수 있는 사회적 현상에 대해 말하시오.
- 과학 기술의 발달이 오히려 우리의 삶에 부정적인 영향을 끼친다는 주장이 있다. 이에 대한 자신의 생각을 예를 들어 말하시오.
- 과학적 사실에 어긋나는 정보들이 인터넷과 같은 매체에 노출되는 경우가 있다. 정확한 정보를 얻기 위한 방법을 말하시오.
- 국내외에서 할 수 있는 다양한 봉사활동 중 자신이 잘할 수 있는 것은 무엇인가? 그 봉사활동을 실행할 구체적인 계획을 말하시오.

- 국정교과서 제도를 도입하면 국가에서 발행하는 한 종류의 교과서만 사용할 수 있다. 국정교과서 도입에 대한 자신의 견해를 말하시오.
- 대도시 인구집중에 따라 많은 사회문제가 발생하고 있다. 대표적인 문제를 하나만 제시하고, 해결방안을 말하시오.
- 대학생활 동안 이루고 싶은 것은 무엇인가? 이를 위해 구체적으로 어떤 노력을 할 것인지 말하시오.
- 역사상 가장 위대한 발명이나 발견은 무엇이라고 생각하는가? 그 이유를 말하시오.
- 예술품을 돈으로 환산할 수 '있다' 또는 '없다'는 견해에 대한 자신의 의견을 말하시오.
- 올림픽 경기나 아시안 게임에서 최종 성화 주자는 어떤 사람이 되어야 한다고 생각하는가? 그 이유를 말하시오.
- 올림픽 경기에서 금메달 개수로 순위를 정하는 방식과 총 메달 개수로 순위를 정하는 방식 중 어떤 것이 더 타당하다고 생각하는가? 그 이유를 말하시오.
- 우리 사회에서 부모 세대와 자녀 세대 간의 소통이 어렵다고 한다. 그 이유와 해결방안을 말하시오.
- 우리 사회에서 안전사고가 빈번하게 발생하고 있다. 사고 사례를 하나만 제시하고, 예방하기 위한 방안을 말하시오.

- 우리나라의 장묘 문화가 매장에서 화장으로 변화하고 있다. 화장의 장단점을 말하시오.
- 우리에게 잘 알려진 인물 중에서 자신이 닮고 싶은 사람은 누구인가? 그 사람처럼 되기 위해서 구체적으로 어떤 노력을 할 것인지 말하시오.
- 유기농식품과 가공식품 중에서 한 가지를 선택해야 할 때, 어떤 것을 선택할지와 그 이유를 설명하시오.
- 음식물 쓰레기가 많이 발생하고 있다. 이를 처리하기 위한 방법을 구체적으로 설명하시오.
- 자동차의 가격을 결정할 때 디자인의 가치는 얼마나 된다고 생각하는가? 그 이유를 말하시오.
- 자신이 교사가 되었을 때, 장애를 가진 학생이 있다면 학급학생들을 어떻게 지도할 것인지 말하시오.
- 자신이 교사가 되었을 때, 학업 부진으로 고민하고 있는 학생에게 어떤 조언을 할 것인지 말하시오.
- 한류 문화가 지속적으로 확산되고 있다. 그 이유는 무엇이라고 생각하는지 말하시오.
- 가족, 친구, 직업, 건강 중 가장 가치 있게 생각하는 것은 무엇인가? 그 가치를 실현하기 위하여 구체적으로 어떤 노력을 할 것인지 말하시오.

대전대학교

2, 3명의 면접관과 1명의 지원자가 10~15분간 개별 면접 진행
(인성 또는 발표)

기출문제

- 바람직한 친구관계를 형성하기 위해 중요한 것은 무엇이며, 이를 위해 어떠한 노력을 기울이고 있는가?
- 본 학과로 지원을 결정할 때 자신이 가장 중요하게 생각한 점은 무엇인가? 또 그 이유는 무엇인가?
- 본인의 성격 형성에 가장 영향을 끼친 가족 이외의 인물이 누구인가? 그 이유는 무엇인가?
- 본인이 가지고 있는 습관과 이러한 습관이 앞으로 대학생활에 미칠 수 있는 영향에 대해 말하시오.
- 본인이 생각하는 가치 있는 삶은 무엇인가? 또 그 이유는 무엇인가?
- 성공적인 대학생활은 무엇이며, 이를 위해 대학생활을 어떻게 할 것인지 말하시오.
- 인터넷상에서 악성 댓글이나 개인정보 유출 등 남에게 피해

를 주는 사례로 인해 인터넷 실명제를 실시해야 한다는 주장
이 있다. 이러한 논쟁에 대하여 어떻게 생각하는지 말하시오.

- 일본은 우리나라의 영토인 독도에 대하여 자국의 영토를 한
  국이 불법으로 점유하고 있다고 주장하고 있다. 우리나라가
  독도영유권을 수호하기 위해서 해야 할 일은 무엇인가?

- 최근 스마트폰 보급과 더불어 카카오톡, 페이스북, 트위터 등
  소셜 네트워킹 서비스(SNS)가 확산되고 있다. 이러한 서비스의
  이용이 생활에 미치는 영향에 대해 말하시오.

- 최근 우리 사회는 태어나는 아이의 수는 줄고, 노인층 인구는
  늘어나는 저출산, 고령화 현상이 나타나고 있다. 이러한 현상
  이 우리 사회에 미치는 영향에 대해 말하시오.

- 최근 우리나라에서 증가하고 있는 지역 간 불균형 발전에 따
  른 지역갈등, 빈부격차로 인한 계층 간 갈등 등의 사회적 문제
  를 해결하기 위한 방안은 무엇인가?

- 한국과 일본 사이의 역사 갈등과 과거사 문제는 해결되지 않
  고 계속되고 있다. 이렇게 한국과 일본의 역사적인 갈등이 해
  결되지 않는 이유는 무엇이라고 생각하는가?

동국대학교

면접 방식

2, 3명의 면접관과 1명의 지원자가 10~15분간 개별 면접 진행
(인성 또는 발표)

기출문제

- 고등학교 생활 중에 포기할 정도로 힘들었지만 포기하지 않은 일에 대해 말하시오.
- 내신등급이 갑자기 올랐다가 갑자기 떨어진 이유는 무엇인가?
- 동국대학교가 본인을 뽑아야 하는 이유는 무엇인가?
- 리더에게 가장 필요한 항목은 무엇이라고 생각하는가?
- 마지막으로 하고 싶은 말은 무엇인가?
- 자기소개와 지원 동기를 말하시오.
- 자신의 장단점에 대해 구체적으로 말하시오.
- 자신이 받은 표창장에 대해 설명하시오.
- 자신이 자발적으로 했던 불교활동에 대해 말하시오.
- 자신이 지원하고자 하는 학과와 관련된 필수 개념에 대해 설명하시오.
- 전공 관련 서적 중에서 가장 관심을 가지고 봤던 책은 무엇

인가?

- 전공과 관련된 활동 중 가장 인상적인 활동은 무엇인가?
- 전공과 관련해서 존경하는 롤모델이 있다면 누구인가?
- 지원학과에 관심이 생기게 된 계기는 무엇인가?
- 지원학과와 관련된 자신의 꿈을 이야기하고, 꿈과 관련된 일화가 있다면 말하시오.

동서대학교

면접 방식

2, 3명의 면접관과 1명의 지원자가 10~15분간 개별 면접 진행 (인성 또는 발표)

기출문제

홈페이지에 각 전공의 모든 면접 질문이 게시되어 있습니다.

- 과학기술이 날로 발전하는 현 시대에서 계속 점을 보는 사람들이 많다는 것은 무엇을 의미하는 것인가?
- 내 인생의 좌우명이 있다면 무엇인가?

- 돈과 행복과의 관계는 무엇이라고 생각하는가?
- 동서대학교의 특성은 무엇이라고 생각하는가?
- 부모님에게 물려받은 것 중 가장 가치 있다고 생각하는 것에 대해 말하시오.
- 사회에서 말하는 좋은 대학을 굳이 가려는 가장 큰 이유는 무엇인가?
- 세계에 널리 알릴 수 있는 우리의 전통에는 무엇이 있는지 본인의 생각을 말하시오.
- 여러 대학에 동시에 합격했을 때 어떤 기준에 의해 한 대학을 선택하겠는가?
- 요즘 같이 변화가 빠른 세상에서 본인에게 가장 필요한 능력은 무엇이라고 생각하는가?
- 우리 대학에 입학하면 무엇을 제일 먼저 하고 싶은가?
- 이성에게 자신을 알리기 위해 광고를 한다면 자신의 어떤 점을 부각시킬 것인가? 그 이유는 무엇인가?
- 자신에게 가장 큰 영향을 준 사람이 있다면 누구인가?
- 자신이 남에게 도움을 줄 수 있는 재능이 있다면 무엇인가?
- 좋은 인생을 만들기 위해 본인이 노력하는 것은 무엇인가?
- 지금까지 살아오면서 주위 사람으로부터 큰 칭찬을 받았거나 혹은 본인이 판단할 때 칭찬받을 만한 좋은 경험이 있었다면

말하시오.

- 친구가 나쁜 습관에 중독되어 있다면 어떻게 대처하겠는가?
- 친구를 선택하는 요인 중 가장 중요한 것은 무엇이라고 생각하는가?
- 컴퓨터가 인간을 따라올 수 없는 것에는 무엇이 있다고 생각하는가?
- 현대사회에 가장 필요한 옛 선인들이 있다면 누구라고 생각하는가? 그 이유는 무엇인가?
- 현대사회에서 행복의 의미라는 것은 무엇이라고 생각하는가?
- 이 세상에서 가장 가치 있는 것이 무엇이라고 생각하는가?

명지대학교

면접 방식

2, 3명의 면접관과 1명의 지원자가 10~15분간 개별 면접 진행 (인성 또는 발표)

기출문제

홈페이지에 각 전공의 모든 면접 질문이 게시되어 있습니다.

- 가장 좋아하는 과목은 무엇인가? 그 이유는 무엇인가?
- 가장 향상이 많이 된 과목과 향상 비결에 대해 자세히 설명하시오.
- 가장 흥미 있다고 느낀 전공 분야는 무엇인가?
- 갈등이 있었던 경험이 있는가? 해결하기 위해 어떤 노력을 했는가?
- 감명 깊게 읽었던 책과 자신의 진로와의 관계는 무엇이라고 생각하는가?
- 감명받은 다큐 영상은 무엇인가?
- 건축 혹은 전통건축물 중 감명 깊게 본 것은 무엇인가?
- 건축학 전공에 대해서 더 알아보기 위해 본인이 한 행동은 무엇인가?
- 고교 때 진로를 위해 준비한 내용은 무엇인가?
- 고교 재학 시 단체활동 경력은 무엇인가? 어떤 즐거움이 있었는가?
- 고등학교 생활 중 지도력을 발휘한 경험은?
- 고등학교 재학 중 기억에 남는 경험이나 활동에 대한 구체적인 질문.
- 고전문학의 가치와 현대적 효용성에 대해 말하시오.
- 공간디자이너가 갖추어야 할 덕목/소양이 무엇이라고 생각하

는가?

- 공동 작업에서 팀원들의 자발적 참여를 이끌어냈던 경험은?
- 공부 이외에 입학 후 또 어떤 일을 하고 싶은가?
- 공부를 해야 하는 이유는 무엇인가?
- 공학이 자기 적성과 잘 맞는다는 것을 확인하기 위해 했던 노력은 무엇인가?
- 과학 과목 중 본인이 좋아하는 부분과 싫어하는 부분을 설명하시오.
- 관심 분야에 대한 구체적 경험은?
- 교과목에서의 선호 분야와 이유를 말하시오.
- 교과성적을 향상시키기 위해 어떤 노력을 기울였는가?
- 교내 논술 경시대회에서 다루었던 주제를 소개하시오.
- 교통 공학과에서 무엇을 배우고 싶은가?
- 구체적으로 미술사학과 준비를 어떻게 하였나?
- 국가 간 무역이 필요한 이유는? 장점 또는 단점은?
- 국어국문학과에서 무엇을 배우고 싶은가?
- 국제 경쟁력이 있는 토목기술자가 되려면 필요한 자질은 무엇이며, 본인은 그 자질을 갖추기 위해 입학 후 어떤 노력을 하겠는가?
- 그 도전을 이겨내기 위하여 구체적으로 어떤 노력을 하였는가?

- 그 목표를 이루기 위해 명지대 영상디자인 전공이 도움이 되리라 생각하는가? 이유는?
- 기계 공학과 지원 동기(관심 있는 분야, 특정분야에 대해)를 말하시오.
- 기계공학과 관련된 본인의 활동 경험은 무엇인가?
- 기업과 정부가 빅데이터 분석에 관심을 갖는 이유는 무엇인가?
- 남과 차별화된 영어 공부 방법은 무엇인가?
- 놀이 공원에서 제일 재미있는 놀이기구는 무엇인가?
- 다른 사람의 의견을 조율해본 경험이 있는가?
- 담뱃값 인상에 대해 어떤 이유로 찬성 또는 반대하는가?
- 대학 4년 설계 계획이 있는가?
- 대학 4년간 가장 중점적으로 학습할 분야는 무엇인가?
- 대학생활에서 꼭 해보고 싶은 일은 무엇인가?
- 대학에서 전공을 마친 후 졸업 후의 계획은 무엇인가?
- 도서관 이름을 통해 느낀 점을 말하시오.
- 학업이나 진로 면에서 볼 때 건축과 공간디자인의 다른 점은 무엇인가?

삼육대학교

면접 방식

2, 3명의 면접관과 1명의 지원자가 20~25분간 개별 면접 진행(인성 또는 발표)

기출문제

- 독서활동이 지원하는 학과에 미쳤던 영향은 무엇인가?
- 마지막으로 하고 싶은 말은 무엇인가?
- 본인의 고등학교 교칙 중에 개선해야 할 교칙과 그 교칙을 끝까지 지켰던 노력에 대해 설명하시오.
- 양보를 실천했던 사례를 구체적으로 말하시오.
- 자신은 리더에 가깝나? 팔로워에 가깝나?
- 자신의 장단점을 학교의 인재상과 관련하여 말한다면 어떻게 말할 수 있는가?
- 자신의 지원 동기를 말하시오.
- 자신이 속한 단체에서 적응하지 못한 친구를 도와준 경험이 있는가?
- 자신이 했던 일탈 중 가장 기억에 남는 것은 무엇인가?
- 졸업 후에 진로 계획을 설명하시오.

- 침례를 받은 날짜와 교회 출석 여부에 대해 설명하시오.
- 다문화 가정을 위해서 간호사가 할 수 있는 일은 무엇인가?

서강대학교

면접 방식

2, 3명의 면접관과 1명의 지원자가 10~13분간 개별 면접 진행
(인성 또는 발표)

기출문제

- 고등학교에서 배운 것을 자신이 지원한 과에 적용할 수 있는지 설명하시오.
- 앞으로의 진로 및 학업 계획, 인생 계획을 말하시오.
- 자신의 장단점에 대해 구체적으로 말하시오.
- 최근에 읽은 책에서 느낀 점과 본인의 전공과의 관련성을 말하시오.
- 친구들과 여행을 간 경험이 있는가?
- 친구들과 함께한 동아리활동 등이 있으면 말하시오. 그때 본인의 역할은?

- 친구들은 지원자를 어떤 사람이라고 생각하고 있을까?

서울여자대학교

면접 방식

2, 3명의 면접관과 1명의 지원자가 30분간 개별 면접 진행
(인성+발표)

기출문제

- 문자 등장 전후의 변화를 설명하는 글이다. 이 내용을 바탕으로 문자를 사용하지 않던 시절에 인류는 어떤 특징을 가지고 있었는지 설명한 뒤, 문자 사용과 함께 인류가 어떤 이점을 얻고 대신 무엇을 잃게 되었는지 아래에 언급되지 않은 내용을 추론해 제시하시오. 그리고 문자 문화에 익숙한 당신이 하루 동안 문자를 전혀 사용할 수 없게 된다면 어떤 상황이 벌어질지 구체적인 예를 들어 이야기하시오.
- 쏘카, Airbnb, 집밥 등의 공유 경제 서비스에 대해서 소비자 입장에서의 장점과 문제점이 무엇일지에 대해 설명하시오. 그리고 위의 사례들 외에 다른 가능한 내용의 공유 경제 서비스

에 대하여 구체적으로 예를 한 가지 들고 여러분이 든 예의 장점과 문제점을 말하시오.

- 아래 글은 일기에 대해 서로 다른 인식을 가지고 있는 A와 어머니에 대한 이야기이다. 이 내용을 바탕으로 A와 어머니의 일기 쓰기에서 보이는 공통점과 차이점을 설명하시오. 그리고 본문의 밑줄 친 부분으로 미루어 볼 때 일기에 대한 A와 어머니의 인식이 어떻게 다른지 유추해 설명하고, 당신이 A라면 어머니께 어떻게 답할 것인지 이야기하시오.

- 오늘날에는 신문, 잡지, 텔레비전뿐만 아니라 인터넷 환경의 보편화로 포털 사이트, 유튜브, 페이스북과 같은 온라인 서비스를 통해 많은 사람이 동시에 대량으로 정보와 지식을 전달받을 수 있다. 이러한 다양한 형태의 전달 수단을 인쇄매체(책, 신문, 잡지)와 전파매체(라디오, 텔레비전) 그리고 디지털매체(인터넷, 휴대 전화, 온라인 서비스)라는 유형으로 나누어 이야기하기도 한다. 아래 자료는 다양한 매체 유형의 예를 보여주고 있다. 위에 제시된 자료 중 여러분의 경험에 비추어 정보탐색을 위한 수단으로 가장 적합하다고 생각되는 두 가지를 선택하여 그 장점과 단점에 대하여 설명하시오. 그리고 다음과 같은 사람들이 정보탐색을 하고자 한다면 어떠한 수단이 효과적일지 위의 자료에서 각각 한 가지씩 골라 제시하고 그 이유를 말하

시오.

① 여행을 좋아하는 대학생

② 연예인에 대해 많이 알고 싶어 하는 삼십대 직장인

③ 시사 문제에 관심이 많은 오십대 주부

- 오늘날 지구온난화는 범지구적인 현상으로 최근 들어 그 속도가 점점 빨라지고 있어 각국은 이에 대한 대책 마련에 힘쓰고 있다. 다음은 기후 변화로 인해서 우리나라에 나타나고 있는 현상들과 농작물 재배지역의 변화를 보여주고 있다. 〈자료 1〉을 읽고 우리나라에서 기후 변화로 인해 나타나는 현상들을 구체적으로 설명하시오. 그리고 〈자료 2〉에 근거하여 서로 다른 두 가지 관점에서 기후 변화의 영향을 가장 많이 받은 농작물을 선정하고, 각각의 선정 이유를 설명하시오.

- 〈자료 1〉은 생물의 형태가 다양한 주변 요소들에 의해 영향을 받을 수 있다는 것을 보여주며, 〈자료 2〉는 가상의 생물 A의 변화과정을 보여준다. A는 야생에서 서식하다가 사람들과 함께 살게 되면서 몸집, 어금니, 발굽이 커지고 발가락은 사라졌다. 먼저 〈자료 1〉의 4개 제시문 각각에 대해 생물의 형태 변화에 영향을 미치는 요인을 간단히 설명하고, 제시된 요인들을 근거로 A의 변화와 관련 있는 원인을 다양하게 유추하시오.

성신여자대학교

면접 방식

2, 3명의 면접관과 1명의 지원자가 10~15분간 개별 면접 진행

(인성+발표)

기출문제

- 가장 좋아하는 과목은 무엇인가? 그 이유는 무엇인가?
- 가장 향상이 많이 된 과목과 향상 비결에 대해 자세히 설명하시오.
- 다른 사람의 의견을 조율해본 경험이 있다면 말하시오.
- 본인의 성실성을 보여줄 수 있는 사례는 무엇인가?
- 본인의 손해를 감수하고 타인을 배려해준 경험이 있다면 말하시오.
- 인상 깊게 읽은 영화 관련 전문서적은 무엇인가?
- 입학 후 본인의 진로 방향에 맞춘 학업 계획은 무엇인가?
- 자기가 노력했던 것 중에서 실패했던 경험은?
- 자신이 가장 잘하는 과목은 무엇이며, 그 과목이 건축 공부에 어떻게 도움이 될 수 있다고 생각하는가?
- 조직의 목적을 달성하기 위하여 비윤리적인 행동을 해야 할

경우 본인은 어떻게 결정할 것인가?

- 존경하는 정치적·행정적 지도자가 있는가?
- 지역 문화재 가운데 가본 곳이 있는가? 무엇을 느꼈는가?
- 진로, 꿈을 이루기 위해 어떤 노력과 전략을 가지고 있는가?

숙명여자대학교

면접 방식

2, 3명의 면접관과 1명의 지원자가 10~15분간 개별 면접 진행
(인성+발표)

기출문제

- 가장 감명 깊게 읽은 책은 무엇인가?
- 대학에 와서 가장 하고 싶은 일은 무엇인가?
- 리더로서 가장 보람찼던 일과 가장 힘들었던 일은 무엇인가?
- 봉사활동을 꾸준히 하면서 힘들었던 점에 대해서 말하시오.
- 소비자의 want와 need의 차이점에 대해서 설명하시오
- 에볼라바이러스를 현지에서 치료해야 하는가, 국내에서 치료
  해야 하는가?

- 외국인노동자 쿼터제에 대해 어떻게 생각하는가?
- 우리 과에 들어와서 가장 배우고 싶은 과목은 무엇인가?
- 우리 과에 지원한 동기는 무엇인가?
- 우리 학교에서 지원자를 뽑아야 하는 이유는 무엇인가?
- 자신의 장단점에 대해서 말하시오.
- 지원자가 직업을 탐색할 때에 가장 중요시하는 것은 무엇인가?
- 친구와의 갈등을 어떻게 해결하는가?
- 학교생활 중 아쉬웠던 것은 무엇인가?
- 한 기업이 기술을 공개하는 것이 좋은가, 좋지 않은가?
- 항공사에서 승무원이 유니폼을 입고 전화하거나 커피 마시는 행동에 대한 본인의 의견을 말하시오.
- EBS 연계 출제에 관한 본인의 의견을 말하시오.

숭실대학교

면접 방식

2, 3명의 면접관과 1명의 지원자가 10~15분간 개별 면접 진행
(인성+발표)

- 가장 감명 깊게 읽은 책은 무엇인가?

- 가장 기억에 남는 교내활동은 무엇인가?

- 대학에 와서 가장 하고 싶은 일은 무엇인가?

- 동아리를 운영하면서 갈등은 없었는가?

- 동아리를 운영하면서 어려웠던 점은 무엇인가?

- 마지막으로 하고 싶은 말은 무엇인가?

- 봉사활동을 꾸준히 하면서 힘들었던 점에 대해 말하시오.

- 우리 과에 들어와서 가장 배우고 싶은 과목은 무엇인가?

- 우리 과에 지원한 동기는 무엇인가?

- 우리 학교에서 지원자를 뽑아야 하는 이유는 무엇인가?

- 우리 과에서 공부해보고 싶은 과목은 무엇인가?

- 자소서에는 없지만 기억에 남는 교내활동은 무엇인가?

- 자신의 장단점에 대해서 말하시오.

- 친구와의 갈등을 어떻게 해결하는가?

- 학교생활 중에 아쉬웠던 것은 무엇인가?

- 한 기업이 기술을 공개하는 것이 좋은가? 좋지 않은가?

연세대학교

2, 3명의 면접관과 1명의 지원자가 10~15분간 개별 면접 진행
(인성+발표)

기출문제

대학교 홈페이지에 그림과 함께 문제가 자세히 게시되어 있으
니 참고하세요.

- (인문사회과학계열)

(제시문 1 내용) '이것은 안경이 아니다'와 그림이 함께 제시되어
이미지와 실제의 관계를 드러내는 내용.

(제시문 2 내용) 정명론과 관련된 내용.

(문제 1) 이름과 실재하는 대상 사이의 상관관계를 설명하는
(가), (나) 제시문에 기반해서 다음 질문에 답하시오.

1-1. 제시문 (가)와 제시문 (나)의 유사점과 차이점을 말하시오.

1-2. 제시문 (가)에서 '이것은 안경이 아니다'가 의미하는 바
를 '정명론'적 관점에서 자유롭게 비판하시오.

(문제 2) 오늘날 인터넷 공간에서 언어적 변형이나 파괴 현상이 빈번히 발생하는 근거를 (가) 혹은 (나)의 관점과 연결시켜 분석하시오. 특히 다음 질문에 의거해서 구체적으로 답하시오.

2-1. 제시문 (가), (나) 중 어떠한 입장이 언어적 진화 현상을 촉발할 개연성이 높은가?

2-2. 제시문 (가), (나) 중 어떠한 입장이 언어적 진화 현상을 저해할 개연성이 높은가?

2-3. 언어적 진화 현상과 관련하여 본인이 생각하는 바람직한 양상을 밝히고, 그것에 대한 논거를 제시하시오.

(문제 3) 제시문 (가), (나)로 인해 발생할 수 있는 사회적 역기능을 각기 분리해서 설명하시오. 단, 제시문 (가), (나)에서 예견할 수 있는 역기능을 반드시 각각 두 가지 이상씩 말하시오.

이화여자대학교

면접 방식

2, 3명의 면접관과 1명의 지원자가 10~15분간 개별 면접 진행 (인성+발표)

- 가장 감명 깊게 읽은 책은 무엇인가?
- 가장 기억에 남는 교내활동은 무엇인가?
- 대학에 와서 가장 하고 싶은 일은 무엇인가?
- 동아리를 운영하면서 어려웠던 점은 무엇인가?
- 마지막으로 하고 싶은 말은 무엇인가?
- 우리 과에 들어와서 가장 배우고 싶은 과목은 무엇인가?
- 우리 과에 지원한 동기는 무엇인가?
- 우리 과에서 공부해보고 싶은 과목은 무엇인가?
- 자소서에는 없지만 기억에 남는 교내활동은 무엇인가?
- 자신의 장단점에 대해서 말하시오.
- 학교생활 중에 아쉬웠던 것은 무엇인가?
- (제시문 내용) 파놉티콘과 시놉티콘에 대한 설명.

  (질문) 시놉티콘과 관련된 세계화의 메커니즘과 그와 관련된 사례를 말하시오.
- (제시문 내용) 직접화법, 간접화법에 대한 설명.

  (질문) 간접화법의 사례를 들고 그것의 장단점을 서술하시오.
- (제시문 내용) 개인의 이익추구는 사회 전체에도 이익을 가져다 준다 vs 소득은 행복과 비례하지 않는다.

  (질문) 두 학자의 견해를 통해 우리나라의 이 현상을 분석하고

자살률을 낮추어 행복감을 높일 수 있는 자신의 방안을 제시하시오.

인하대학교

면접 방식

2, 3명의 면접관과 1명의 지원자가 20분간 개별 면접 진행(인성+발표)

기출문제

- 개발도상국에 우리 과와 관련된 기술을 가져가고 싶다면 무엇이고, 이유는 무엇인가?
- 우리 과와 관련해서 사람들에게 부정적인 영향을 끼친 사례를 말하고, 그 이유를 말하시오.
- 자신이 남들에게 추천해주고 싶은 '사자성어'나 '속담' 중에서 한 가지를 말하고 그 이유를 설명하시오.
- 우리나라에서 언어폭력이 심해지는 원인은 무엇이며, 어떻게 해결해야 한다고 생각하는가?
- 여성에게는 병역의 의무가 주어지지 않는 것에 대해 양성평등

에 대한 관점으로 자신의 입장을 말하고 이유를 말하시오.

- 우리나라 학생들이 질문하지 않는 이유는 무엇이라 생각하는가? 질문을 많이 하게 만들기 위해서는 어떻게 해야 하는가?
- 가장 감명 깊게 읽은 책은 무엇인가?
- 가장 기억에 남는 교내활동은 무엇인가?
- 대학에 와서 가장 하고 싶은 일은 무엇인가?
- 동아리를 운영하면서 어려웠던 점은 무엇인가?
- 마지막으로 하고 싶은 말은 무엇인가?
- 우리 과에 들어와서 가장 배우고 싶은 과목은 무엇인가?
- 우리 과에 지원한 동기는 무엇인가?
- 우리 과에서 공부해보고 싶은 과목은 무엇인가?

총신대학교

면접 방식

2, 3명의 면접관과 1명의 지원자가 20분간 개별 면접 진행
(인성+발표)

기출문제

- "교사는 국민의 사표이며 학생의 거울이 되어야 한다."라는 옛사람들의 생각이 지금도 여전히 옳다고 생각하는가? 당신의 의견과 그 이유를 말하시오.

- "교사란 가르침을 사랑하고 청빈하게 살아야 한다."는 옛사람들의 생각이 지금도 옳다고 생각하는가? 당신의 의견과 그 이유를 말하시오.

- Suppose you are an English teacher in a middle or high school and answer the question in English. Which aspects of English speaking(e.g., pronunciation, accent, intonation, idiomatic expressions, and register) do you think would be the most difficult for your potential students and why?

- 국민의 삶의 질을 향상시키기 위한 경제적, 사회·문화적, 법적·제도적 차원의 사회복지적 방안을 제시하시오.

- 인터넷, 스마트폰 등 대중매체가 급속하게 발달하면서 그 사회적 역기능에 대한 우려가 높아지고 있다. 이에 대한 당신의 견해를 말하시오.

- 바티칸의 로마 교황 프란치스코는 2014년 8월 14일~18일 동안 한국을 방문하였다. 그는 세월호 유가족을 비롯하여 가난하고 소외된 자들을 방문하고, 기아의 소형차인 소울을 타고

다니면서 한국 사회에 큰 반향을 불러일으켰다. 가톨릭은 이 단인지 아니면 구원의 종교인지를 말하고, 가톨릭의 문제점에 대하여 아는 대로 설명하시오.

● 사회적 소수자란 장애, 인종, 국적, 종교, 사상 등의 측면에서 차별의 대상이 되는 사람들을 말한다. 유치원에도 이와 같은 '사회적 소수자'가 있는데, 예를 들면 장애를 가진 유아 혹은 다문화 가족 자녀들을 들 수 있다. 이들이 사회적 소수자로서의 차별을 받지 않고, 유아교육 기관에서 다 함께 질 높은 교육을 받기 위해서는 어떠한 방안이 필요한가?

● 사회적으로 정해진 규범에서 벗어난 행위 또는 상황을 '일탈행동'이라고 한다. 유아들의 일탈행동은 빈번히 '문제행동'으로 나타나는데, 문제행동에는 어떤 것이 있고, 이것의 원인은 무엇이라고 생각하는가?

● 오늘날 인성 교육의 부재로 교사와 학생의 관계가 무시되고 있다. 교회교육 지도자로서 이에 관한 대안을 제시하시오.

● 요즘 명품을 좋아해 과도한 소비를 일삼다 인생을 망치는 이들이 나오고 있다. 명품 구입을 위해 수표를 위조한 사람이 있는가 하면 절도와 파산, 가정파괴가 일어나고 카드빚에 시달려 자살을 선택하는 사람도 있다. 명품중독이 신앙적으로 볼 때 무엇이 잘못인지 말하시오.

한양대학교

면접 방식

2, 3명의 면접관과 1명의 지원자가 20분간 개별 면접 진행
(인성+발표)

기출문제

- 가장 기억에 남는 봉사활동은 무엇인가?
- 나만의 철학을 소개한다면 무엇인가?
- 독서 내용 중 가장 인상 깊었던 내용을 말하시오.
- 독서량이 적은 편인데 책 읽는 것에 대한 자신의 생각을 말하시오.
- 동아리활동 중에 가장 인상 깊었던 것은 무엇인가?
- 반장을 하면서 가장 힘들었던 일을 말하시오.
- 본인의 장단점에 대해 구체적으로 말하시오.
- 우리 학교에 지원한 이유와 지원자를 뽑아야 하는 이유를 설명하시오.
- 간단히 자기소개를 하시오.

자기소개서 양식

〈공통 문항〉　　　　　　　　　　　　　　　　　(자세한 내용은 본문 102쪽, 109쪽 참고)

1. 고등학교 재학기간 중 학업에 기울인 노력과 학습 경험에 대해, 배우고 느낀
점을 중심으로 기술해주시기 바랍니다(1,000자 이내).

① 어떤 소재를 골랐는지 확인하기
　　본인의 동기/노력 과정/성과/배우고 느낀 점이 확실하게 드러났는지 확인하기
　　적용한 학습 방법이 삶에 대한 본인의 태도에 영향을 주었는지 확인하기
　　부족한 부분이 있다면 질문이 들어올 수 있으므로 답변 준비하기

2. 고등학교 재학기간 중 본인이 의미를 두고 노력했던 교내 활동을 느낀 점을 중
심으로 3개 이내로 기술해주시기 바랍니다. 단, 교외 활동의 경우 학교장의 허락
을 받고 참여한 활동은 포함됩니다(1,500자 이내).

② 각 경험이 본인에게 어떤 의미가 있는지 한마디로 정리하기
　　어떤 소재를 골랐는지 확인하기
　　각 소재에서 지원 대학이 원하는 인재상이 잘 반영되어 있는지 확인하기
　　본인의 다양한 장점이 충분히 드러나고 있는지 확인하기

3. 학교생활 중 배려, 나눔, 협력, 갈등 관리 등을 실천한 사례를 들고, 그 과정을
통해 배우고 느낀 점을 기술해주시기 바랍니다(1,000자 이내).

③ 본인이 생각한 나눔, 배려, 협력, 갈등관리가 무엇인지 한마디로 정리하기
　　집단 속에서 본인의 역할은 무엇이었는지 구체적으로 확인하기
　　본인이 생각하는 리더십은 어떤 형태인지 답변 준비하기

학교생활기록부 양식

(자세한 내용은 본문 104쪽, 112쪽 참고)

졸업대장번호				
	학과	반	번호	담임성명
1				
2				
3				

1. 인적사항

학생	
가족상황	
특기사항	

2. 학적사항

특기사항	

3. 출결상황

학년	수업일수	결석일수			지각			조퇴						특기사항
		질병	무단	기타	질병	무단	기타	질병	무단	기타	질병	무단	기타	
1														
2														
3														

4. 수상경력

구분	수상명	등급(위)	수상년월일	수여기관	참가대상(참가인원)

5. 자격증 및 인증 취득상황(생략)

6. 진로희망사항 ①

학년	특기 또는 흥미	진로희망		희망사유
		학생	학부모	
1				
2				
3				

7. 창의적 체험활동상황

학년	창의적 체험활동상황		
	영역	시간	특기사항
1	자율활동 ②		
	동아리활동 ③		
	봉사활동 ④		
	진로활동 ⑤		
2	자율활동		
	동아리활동		
	봉사활동		
	진로활동		
3	자율활동		
	동아리활동		
	봉사활동		
	진로활동		

학년	봉사활동실적				
	일자 또는 기간	장소 또는 주관기관명	활동내용	시간	누계시간
1					
2					
3					

8. 교과학습발달상황 ⑥ (생략)

9. 독서활동상황 ⑦

학년	과목 또는 영역	독서활동상황
1		
2		
3		

10. 행동특성 및 종합의견 ⑧

학년	행동특성 및 종합의견
1	
2	
3	

① 매년 선생님과 상담하면서 진로와 관련해 나눈 이야기가 들어 있는 항목. 진로를 결정하게 된 개인적인 계기나 앞으로의 포부, 진로가 자주 바뀐 경우 그 이유 등의 답변 준비하기.

②, ③, ⑤ 자기소개서에 활용했던 주요 소재가 들어 있는 항목. 전공과 관련된 체험활동이 있다면 유심히 보고, 관련 없더라도 자기주도성이나 인성, 리더십이 드러나는 곳이므로 중요.

④ 봉사활동에서 본인이 했던 주요 역할이 무엇이었는지, 그것이 수혜자에게 어떤 의미를 주었는지 생각해보기. 봉사활동을 계기로 본인이 깨달은 바가 있다면 답변으로 정리해두기.

⑥ 성적 분포나 추이에 관한 질문이 들어올 수 있는 항목. 급격한 성적 변화가 있을 경우 그 원인에 대한 답변 준비하기. 성적을 올리기 위해 노력했던 방법들을 설명할 때 자기소개서 1번과 연계한 답변이면 좋음.

⑦ 자기주도적 학습능력과 관심분야, 학문적 소양 등을 종합적으로 평가하는 항목. 책들의 내용을 다시 한 번 훑어보고, 스스로에게 어떤 의미가 있었는지 답변으로 정리해두기.

⑧ 선생님이 보는 본인의 모습이 드러나는 항목. 미처 생각하지 못했던 장점이나 행동방식이 드러날 수 있으므로 마지막으로 확인해두기.

이제 당신은 10분 드라마의 주인공입니다

대학으로 가는 길은 험난하기만 합니다. 혼자 가기에 때로는 너무 버겁다고 느껴질 때도 있습니다. 그래도 꿈을 위해 묵묵히 그 고난투성이 길을 걸어왔습니다. 긴장의 끈을 놓을 수 없었던 3년 동안의 내신 관리, 밤새며 고쳐 쓴 자기소개서, 최저등급을 아슬아슬하게 넘긴 수능까지 모두 지났습니다. 이제 대학 입학까지는 단 10분만이 남았습니다. 마지막 남은 10분이 어쩌면 인생에서 가장 길게 느껴질 것입니다. 가장 힘들 것입니다. 그래도 우리는 그 10분을 위해 이전 3년의 노력만큼을 쏟아야 합니다. 여기에서 포기해서는 안 되기 때문입니다. 그리고 남들과는 달라야 합니다. 남들과 같아지는 순간 우리는 꿈꾸던 대학 합격의 문을 넘어설 수 없게 됩니다. 세상에 하나뿐인 드라마의 주인공이 되어 여러분의 합격과 불합격을 결정지을 면접장에서 빛나야 합니다. 세상에 하나뿐인 10분 드라마를 만들어낸 사람은 웃을 것이고, 흔한 드라마를 만들어낸 사람은 눈물을 흘릴 것입니다.

필자들은 대학 합격 고지를 넘어선 여러분의 환한 웃음을 보고 싶습니다. 환하게 웃을 여러분이 만들어갈 세상 하나뿐인 10분의 드라마를 응원하기 위해 드라마가 펼쳐질 장소를 보여주었으며, 마지막 시뮬레이션까지 여러분과 함께했습니다. 하지만 정작 그 드라마를 짜고 만들어야 할 사람은 여러분입니다. 스스로 만들지 않으면 남들과 같아질 뿐이니까요. 혼자서 가야 할 그 길이 외로울 수도 있겠지만, 이 책이 여러분 옆에서 함께 응원할 것입니다.

그리고 그 과정에서 진정한 자신을 찾길 바랍니다. 세상에 하나뿐인 10분의 드라마를 만들 수 있는 비책이자 여러분의 삶을 후회 없고 알차게 살아가는 방법이기 때문입니다. 첫 번째, 여러분의 슬픔과 기쁨을 함께할 동료들을 얻을 수 있습니다. 스스로 자신의 진정한 장단점을 알고 있는 사람은 자신을 사랑할 줄도 알고 스스로 조심할 줄도 압니다. 이렇게 진정한 자신을 찾는다면 다른 사람들로부터 신뢰를 얻을 수 있습니다. 두 번째, 삶의 중요한 고비마다 후회하지 않을 선택을 할 수 있습니다. 진정한 자신을 찾지 못한 사람은 선택의 상황에서 고민을 반복하다가 자신에게 맞지 않는 선택을 합니다. 때로는 남의 선택을 맹목적으로 따르기만 합니다. 옳지 않은 선택의 결과를 되돌리는 것은 쉽지 않습니다. 애초에 자신의 선택을 잘하는 것이 중요한 이유입니다.

이제 준비가 끝났습니다. 남이 아니라 내가 스스로 만드는, 세상에 하나뿐인 10분의 드라마를 위해 고민할 일만 남았습니다. 세상에서 가장 빛나는 10분의 주인공이 되어 환한 웃음으로 대학을 맞이하고, 밝은 미래를 그려 나갈 일만 남았습니다. 그 현장에 함께하지는 못하겠지만 그 현장에서도 느껴질 만한 울림으로 여러분을 응원할 것입니다. 그 응원과 함께 여러분이 바라던 합격을, 꿈을, 미래를 만들어 나가길 진심으로 바랍니다.

드림 빌리지 그룹(Dream Village Group) 드림